黎明出发
点亮万家

——"时代楷模"张黎明的故事

国家电网有限公司 编

中国电力出版社
CHINA ELECTRIC POWER PRESS

图书在版编目（CIP）数据

黎明出发·点亮万家："时代楷模"张黎明的故事 / 国家电网有限公司编 . —北京：中国电力出版社，2018.7（2018.11重印）

ISBN 978-7-5198-2274-3

Ⅰ . ①黎… Ⅱ . ①国… Ⅲ . ①张黎明—生平事迹 Ⅳ . ① K826.16

中国版本图书馆 CIP 数据核字 (2018) 第 157327 号

出版发行：中国电力出版社
地　　址：北京市东城区北京站西街 19 号（邮政编码 100005）
网　　址：http://www.cepp.sgcc.com.cn
责任编辑：闫姣姣（jiaojiao-yan@sgcc.com.cn，010 － 63412433）
责任校对：黄　蓓　太兴华
装帧设计：郝晓燕
责任印制：石　雷

印　　刷：北京瑞禾彩色印刷有限公司
版　　次：2018 年 7 月第一版
印　　次：2018 年 11 月北京第四次印刷
开　　本：880 毫米 ×1230 毫米　20 开本
印　　张：5
字　　数：89 千字
定　　价：49.80 元

使命呼唤担当，榜样引领时代。近年来，国家电网公司以习近平新时代中国特色社会主义思想为指导，牢牢把握国有企业"六个力量"的历史定位，着力推动公司和电网高质量发展，在服务党和国家工作大局中发挥了举足轻重的作用，公司连续14年获国资委央企绩考核A级，连续3年排名世界500强第二位。在公司持续做强做优做大的奋进历程中，涌现出一大批信念坚定、对党忠诚、担当作为、干事创业的先进典型。他们或是时代先锋，或是大国工匠，或是道德楷模，虽身处不同岗位，从事不同专业，但都恪守初心之愿，以共同的卓越表现，挺立起新时代国家电网人的精神脊梁，凝聚起加快建设具有卓越竞争力的世界一流能源互联网企业的精神伟力。

"时代楷模"张黎明同志就是在公司改革发展的沃土中孕育出的先进典型代表，也是伴随我国改革开放成长起来的产业工人的杰出代表。他专注电力抢修30余年，始终扎根在服务群众第一线，奋战在技术创新最前沿，用智慧、汗水和爱心模范践行了人民电业为人民的企业宗旨，彰显了国家电网人对党和人民事业的忠诚与担当，谱写了新时代知识型、技能型、创新型的劳动者之歌。

按照中共中央宣传部统一部署，我们深入开展了向"时代楷模"张黎明同志学习宣传活动，号召广大干部员工学习他不忘初心、牢记使命的政治品格和甘于奉献、为民服务的高尚情操，始终把党和人民利益放在心中最高位置，将岗位工作与人民群众幸福生活紧密相连，努力提高服务品质和服务水平，在点亮万家灯火中坚守共产党员的初心。学习他扎根基层、埋头苦干的敬业精神和勇于探索、矢志创新的进取意识，弘扬劳动光荣、技能宝贵、创造伟大的时代风尚，始终铆足干劲、闯劲、钻劲，坚持干一行、爱一行、专一行、精一行，通过创造性劳动提高效率效益，在平凡的岗位创造不平凡的业绩。

欲得学其人必先识其人。《黎明出发·点亮万家——"时代楷模"张黎明的故事》一书，以故事荟萃形式，用细腻的笔触、丰富的细节、多元的视角，生动讲述了张黎明同志的成长经历、工作点滴、人生感悟，从中折射出他的初心、匠心和创新、奉献精神。希望本书能为广大干部员工更加全面立体地了解这位新时代典型打开一扇窗口，能让大家的内心受到触动，获得启发，从而激发出勇做新时代奋斗者的强大正能量，在追逐个人梦中托起实现中华民族伟大复兴的中国梦。如此，便是本书最大的价值所在。

是为序。

二〇一八年七月

有**黎明**的地方就有光明

黎明
一位耕耘者
因梦想而奋斗！
黎明
一位奉献者
因信念而执着！

大雨滂沱、飞雪连天
抢险的"大黄车"是你最亲密的伙伴……
骄阳似火、寒风凛冽
"红马甲"是你在志愿服务现场跃动的音符……

一丝不苟
是你一位"蓝领工匠"极致追求的态度
专利发明
是你解决难题填补空白的创新利器

爱如电
你是光明的使者！
情似火
你是党心与民心的纽带！
时代楷模
是新时代对你最好的褒奖！

敬业爱岗
奉献担当
百姓情怀
初心不改

你就是这样一位国家电网人
虽平凡却为大家竖起标杆
和无数个以黎明为榜样的"你"
以身体力行充分彰显
"人民电业为人民"的企业宗旨

翻看你人生的故事
扉页上
初心、匠心、创新、奉献
赫然鲜明！

与"初心"相伴
与电力结缘
用璀璨的灯火点亮千家万户！

黎明出发 点亮万家

张黎明

　　1969年8月出生，汉族，高级技师，2001年5月加入中国共产党，1987年9月参加工作，现任国网天津滨海供电公司运维检修部配电抢修班班长、滨海黎明共产党员服务队队长。

　　他30多年如一日坚守抢修一线，始终秉承"人民电业为人民"的企业宗旨，坚守"黎明出发 点亮万家"的服务口号，不忘初心、牢记使命，扎根基层、埋头苦干，勇于探索、矢志创新，甘愿奉献、为民服务，以实际行动架起了党和群众的"连心桥"，受到社会各界广泛赞誉和高度评价。2016年，获评全国优秀共产党员，受到习近平总书记等党和国家领导人亲切接见。2017年，光荣当选党的十九大代表。2018年5月，被中宣部授予"时代楷模"称号，被誉为"点亮万家的蓝领工匠"。2018年6月27日，张黎明先进事迹报告会在北京人民大会堂隆重举行，引起社会强烈反响。

　　他曾荣获全国劳动模范、岗位学雷锋标兵、津门工匠、国网工匠等多项荣誉，享受国务院政府特殊津贴。他带领的黎明共产党员服务队获"全国学雷锋活动示范点"、天津市"优秀志愿服务团队"，国家电网公司"十佳共产党员服务队"和"金牌共产党员服务队"等荣誉；张黎明创新工作室被评为"全国示范性劳模和工匠人才创新工作室"和"国家电网公司劳模创新工作室示范点"。人民日报、新华社、中央电视台等主流媒体多次宣传、报道他及其团队的先进事迹。

张黎明个人主要荣誉

2018 年 "时代楷模"
天津市优秀共产党员、"津门工匠"

2017 年 国家电网公司优秀共产党员、首届十大"国网工匠"
滨海新区首届"滨海工匠"

2016 年 全国优秀共产党员、全国岗位学雷锋标兵
中央企业优秀共产党员、天津市最美志愿者

2015 年 全国劳动模范、全国职工职业道德建设标兵个人
天津市道德模范、天津市优秀志愿者

2013 年 全国五一劳动奖章

2012 年 全国能源化学系统五一劳动奖章
国家电网公司"十佳服务之星"

2009 年 天津市五一劳动奖章
国家电网公司劳动模范

黎明共产党员服务队（创新工作室）主要荣誉

2018 年 全国学雷锋活动示范点
国家电网有限公司"金牌共产党员服务队"

2017 年 全国示范性劳模和工匠人才创新工作室
国家电网公司劳模创新工作室示范点

2015 年 天津市优秀志愿服务团队
国家电网公司"金牌共产党员服务队"

2014 年 连续三年获"全国质量信得过班组"

2013 年 国家电网公司"十佳共产党员服务队"

2009 年 中央企业先进集体

2007 年 天津市五一劳动奖状

CONTENTS

目 录

不忘初心　牢记使命

初心不改·只为灯火中的坚守和传承

三十余载孜孜以求
德技兼修始终如一

与"初心"相伴，与电力结缘，用璀璨的灯火点亮千家万户，照亮城市夜空！

人生第一课

说到奉献，张黎明总会想起自己工作初期跟着师傅们干运行、学抢修的日子。

记得刚参加工作没几天，时任塘沽供电局供电工区副科长的田震华就曾对张黎明说过这样的话，"小张，你可知道，你所在的运行班可是一个特殊的老先进班组，那几个师傅个个抗硬，都是供电局的业务骨干，你小子跟着这样的师傅学，就偷着乐去吧！还有，这样的班组不能没有后来人啊，我给你十年时间，你要十年成金！"

1989年深秋，一场大雷雨后，"韩大线"219号铁塔绝缘子遭遇雷击，造成严重缺陷，张黎明随着几位师傅奉命前去带电抢修。到达故障地点后，大伙才发现故障铁塔下原先的小水坑由于暴雨已变成了一个大池塘，要想越过去爬上铁塔，必须翻过这个大池塘！按照带电作业规程规定，带电作业的工器具和操作人员身上要保持干燥。就在大家面面相觑、束手无策的时候，为了尽快完成抢修并保证人员的安全，年近五旬的张连运和孟祥芳二话没说毫不犹豫地跳进水里。两位师傅咬紧牙关扎稳重心硬是用肩膀扛住梯子架起了一座"人桥"，确保作业人员带着工具，不沾水从"人桥"上通过……当时，北方深秋的气温已经很低，站在岸上都觉得寒风凛冽、瑟瑟发抖，进到齐腰深的水里更是感到冰冷难耐、寒气刺骨。震撼之余，老师傅们义无反顾的冲锋陷阵，给刚入职的张黎明进行了一场极其深刻、生动的责任担当的"洗礼"。

　　1990 年夏天，塘沽地区接连下了好几场暴雨，线路事故频发，张黎明记得那时候运行班忙得"开了锅"，他和师傅们马不停蹄，好几天都没怎么休息。一天凌晨，暴雨还在"哗哗"地下，他跟着几位师傅赶到一个新的事故现场，大伙不禁被眼前的情景惊呆了。在六道桥到中心庄一带的 10 千伏高压线路上，由于连日暴雨，许多电线拦腰断在了稻田里，有些即使没断也摇摇欲坠，急需马上抢修。前面全是泥泞，车已无法行驶，张黎明毫不犹豫抢先跳下车，将抢险工具、备件和电线从车上卸下来，马上投入到抢修过程中。那次事故抢险，黎明在雨中忙前忙后、专拣脏活累活干……事后，黎明的表现得到了师傅们的一致夸赞，这也更坚定了他当好一名电力工人的决心。

　　多年后的今天，已经当了师傅的张黎明，每当回想起老师傅搭"人桥"的感动瞬间，都会无限感慨："当年老师傅们为了快速抢险，为了他人安全，关键时刻甘做'人桥'，这种勇于担当、甘于奉献的精神，给我的感受，不亚于看到电影中王进喜跳进泥浆池所带来的震撼。是师傅们给我上的人生第一课，告诉我怎样才是言传身教、履职尽责，怎样才是担当作为、拼搏奉献，三十多年来，这些回忆一直鼓舞我、激励我做好工作。"

　　正是师傅们的身体力行竖起了标杆，才在一代代的责任传承中，凝聚了更多的正能量，引领着一批批滨海电力人无私忘我地干事创业！这正是张黎明三十多年扎根基层、兢兢业业、埋头苦干的初心所在。

责任摆在那儿，挑战再艰难再危险，都得想办法解决它。

"傻"孩子

参加工作后，张黎明沿着父辈和师傅们的脚步，一点点学习技术、积累经验，他有空就看线路、改图纸，不怕辛苦、坚持不懈。在同事眼中，从 1987 年参加工作起，张黎明不仅是个勤于学技术、精于干专业的技术工，还是一个助人为乐的"热心肠"和办事认真负责、值得信任的"老实人"。

一年冬天，有位同事因家中有急事请假没来，张黎明就主动替他去巡查共有 77 根电线杆且路途较远的军大线（军粮城—大沽线路）。他骑上自行车，冒着凛冽的寒风，艰难地行进在高压线下。干过这项工作的人都知道，线路巡查是个良心活，如果想投机取巧、半路偷懒，既没人看得见，也没人瞧得出，只有将来线路发生了事故，才可能从事故中分析出来。那天巡线非常冷，但张黎明依然严格按指定的路线巡查，不放过每一个疑点。当他巡到中心庄路段时，那儿的线路周围全是稻田地，还有一道水渠，上面已经结了一层冰。水渠虽说不宽，但自行车肯定是骑不过去的。张黎明没有打"退堂鼓"，他把自行车举起来扔过水渠，然后想自己跳过去，没想到正好跳到水渠上，把冰砸裂了，掉进了水里。冬天里，冰水把他的棉裤浸透了，但线路还没巡完，上岸后，张黎明就忍着逐渐结冰的棉裤所散发的刺骨寒气，骑着车子硬是把整条线路每段不落地巡查完毕。同事们知道了这件事，因为心疼这个"傻"孩子而"教育"他。听到有人说："偶尔被意外耽搁了，少巡一点线路不会有事"时，张黎明则憨憨地回上一句："要是不巡完，我不放心！"这种"不放心"的执着和不知变通的"傻"，正是张黎明难能可贵的"底色"。

　　面对工作，"机灵"是一种做法，"傻"同样也是。在代替请假的同事巡查军大线这件小事上，每个人都在感慨张黎明憨厚、执着的同时，从心里由衷为他的"傻"而点赞！

　　这么多年过去了，伴随着国家改革开放的进程，在国家电网公司厚植培育的土壤中，这个"傻"孩子已成长为"时代楷模"。他的徒弟们也沿着他的脚步，成了各专业的人才。他们虽各有特点，但多多少少都有一个共同点，就是责任心强，也许这"根"就在黎明的"傻劲"里。

巡查工作任务重，线路情况装心中。
安全责任放在首，青春热血只为公。

> 服务队的成立，是一份光荣，更是一份责任、一种鞭策。

人往"低"处走

张黎明是滨海黎明共产党员服务队队长，这个大家都知道。但是张黎明怎么成为队长这事就没几个人知道了。

2007 年，国网天津滨海供电公司成立共产党员服务队，选择张黎明担任队长，公司是有过认真考量的。那时的张黎明，不论人品、专业技术还是工作经验，早已得到了大家公认。唯一让公司领导有点踌躇的是，张黎明已是管理岗人员，而服务队队长相当于原来的急修班班长，是工人岗，这一选择意味着张黎明要放弃管理岗相应的工作待遇。

当时，深知张黎明为人的支部书记檀庆宪打下包票，主动向张黎明交派任务。张黎明果然没有让他失望，当檀书记将此事向张黎明说明并征求意见时，他二话没说就答应了。檀书记特意提醒他："这样一来，你就由管理岗转为工人岗了，职务降低了，可能随之收入也会减少，

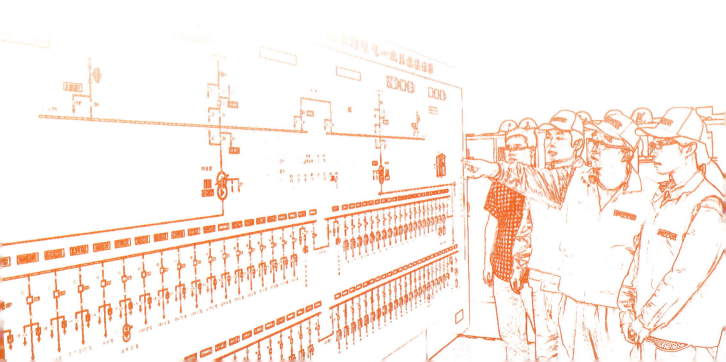

你可以考虑一下。"张黎明当即表态："只要是组织需要，管理岗和工人岗对我都不是问题。我喜欢抢修工作，我愿意到第一线去，领导放心吧！"

在此后的十多年里，不论是在滨海新区重点项目建设工地上，还是在塘沽居民社区和困难群众家中，或是在攻坚克难的"节骨眼"上，都活跃着黎明共产党员服务队"红马甲"的身影。张黎明和他的队员们凭借精湛的技术和真诚的服务，获得了"全国学雷锋活动示范点"等各项荣誉130多个，赢得了社会各界的广泛赞誉，更架起了党和群众的"连心桥"！

曾有人问他："当时选择干服务队队长后悔过吗？"他说："这些年来说实话挺累的，思想也波动过，但每当想起领导信任的目光、解决用电疑难杂症后百姓洋溢的喜悦之情时，我就特别感动，而且也有成就感，这也许就是我坚持的动力吧。"

俗语说"人往高处走"，可张黎明这次偏偏走向"低"处，但他走出了人生的高境界。张黎明说："我们是共产党员，我们工作中时刻传递着党的声音、代表着企业的形象，百姓在最需要帮助的时候，首先想到了我，想到了我们服务队，对我来说这种'首问'的信任感是无上光荣的。我想，让百姓发自肺腑的信任，这或许就是我们党员最重要的'本分'。我们会不忘初心，继续前进。"

人品技艺顶呱呱，抢修工作人人夸。
甘做群众贴心人，黎明出发亮万家。

要知足，国家给我们的，企业给我们的，已经很多了。前人栽树，后人乘凉，要懂得感恩！

"金"玉良言

    配电专业是个大家公认的出骨干、出能人的地方。多年来，张黎明身边的同事有的成了不同类型专业人才，有的走上了公司各级管理岗位。这些人中很多都曾是张黎明手把手培养过的徒弟。张黎明总是用老师傅们敬业奉献的故事激励着后来人，他常说："路是一步步走出来的，不要浮躁，没有随随便便的成功，一分耕耘一分收获。当你埋头坚持时，你已经在收获成功了。"

    "金九银十"是新人们喜结连理的好日子。徒弟翟世雄还记得那是 2015 年的一个金秋十月的周六，抢修队接到了塘沽华膳酒楼的报修电话——酒楼在举办一场婚礼的过程中突然断电。接报后翟世雄跟着师父张黎明和队员们一起急忙赶到现场，抢修队员们对线路进行认真检测，最终发现停电是由于酒楼电缆老化严重造成的，快速修复难度很大。那时，翟世雄刚参加工作不久，念大学时他一直都是成绩优异的"学霸"，可面对当时现场的故障却无计可施。而另一边酒店人员焦急万分，台上的一对新人和满堂的亲朋好友更是坐立不安，毕竟，结婚是人生大事，眼看典礼的时间快到了，出现这样的情况确实让人心急如焚。

    就在大家手足无措的时候，张黎明当机立断，告诉翟世雄和其他抢修人员要转变思路，不

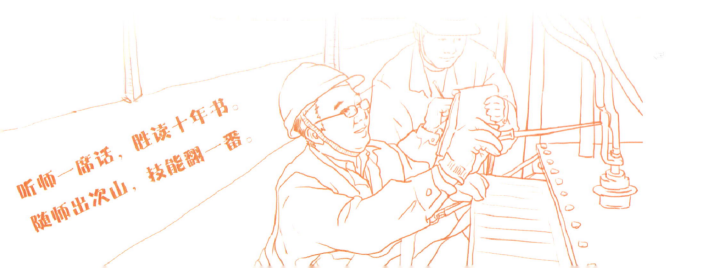

听师一席话，胜读十年书。
随师出次山，技能翻一番。

要一味想着如何"修理故障"，而是要着眼于尽快"解决问题"，赶紧接通电源才是"硬道理"。张黎明让大家甩开电缆的故障端，利用"环网供电"的方式来快速恢复送电。通过这个办法，酒楼大堂很快重现光明，灯光亮起来的那一刻，也点亮了一对新人幸福的笑容。在场的每个人纷纷对张黎明竖起了大拇指："专家就是专家，真厉害，实在是太棒了！"

事后翟世雄跟同事聊天时说："回想师傅排除故障时胸有成竹的专注神情和任务完成后脸上露出的欣慰笑容，还有当时现场那一张张感激喜悦的笑脸，真是令人难忘并由衷敬佩师傅。后来师傅还对我说，他刚入单位的时候，他的师傅就说过，塌下心好好干，十年后定成金，现在他把这句话传给我，也要我十年成金。"

师徒交心不仅仅是一种责任传承，更是一种信念和坚守的彰显！那一天翟世雄在日记本中，郑重地写下了师傅送给他的这句话——"十年成金"。自此之后，他把这句"十年成金"当作"金"玉良言，时时牢记，作为激励自己不懈努力、奋勇争先的动力源泉。他也像师傅那样养成了随身携带小本子记录线路故障及抢修经验的习惯，形成了越是艰难困苦的任务越是往上冲的意识。经过长期的积累，他已经成为配电运维专业的一名尖兵，并获得多项荣誉。

在张黎明的示范引领下，近三年来，国网天津市电力公司先后有 58 人次获得省部级及以上劳动模范和五一劳动奖章等荣誉，2700 多人次提升了技能等级，无不在各自的岗位上时刻彰显着"人民电业为人民"的企业宗旨。

成绩和荣誉是一种鼓励和鞭策，它只代表过去，不代表未来，成绩和荣誉都属于大家！

讲明大道理　　讲出人情味

每一次宣讲都有新感觉，每一次学习都有新收获。

2017 年 12 月 20 日，张黎明在天津市国资系统领导干部培训班上宣讲十九大精神，汇报交流党的十九大以来的学思践悟，天津市国资系统干部报以热烈掌声，产生强烈共鸣。这是十九大闭幕后，张黎明第 21 次应邀参加天津市国资委、天津市总工会组织的宣讲活动。他结合自己工作实际，将十九大精神送到机关企业、部队单位、车间工地、田间地头，送到每个党员的身边。

深学细悟

"学懂"让十九大精神更接地气

2017 年 10 月 18 日，党的十九大在北京人民大会堂胜利召开，张黎明作为一线产业工人代表参加大会，现场聆听习近平总书记报告，并将基层一线最真实、最渴盼的声音带到会场。十九大召开前，张黎明围绕服务民生和加强基层党建等，先后深入力高阳光海岸、天津泰达控股有限公司等地，以问卷调查、座谈采访等方式开展深度调研。深入思考"多表合一"和"煤

改电"暖心工程等重难点项目存在的问题和解决方法，积极探索助力繁荣宜居智慧城市建设的路径，为深学细悟十九大精神奠定坚实基础。

大会期间，张黎明仔细研读习总书记报告、党章，生怕错过一个词语、一个细节，如饥似渴地汲取十九大精神力量，竭尽所能把握十九大报告中所蕴含的辩证思维和方法论。

大会闭幕回津后，张黎明更是力求全面准确学习十九大精神，坚持读原著、学原文、悟原理，做到原原本本、原汁原味学，通过阅读报刊资料、网络搜索等多种方式，系统辩证地掌握理论精髓、核心要义，将报告中的新思想、新理论、新观点和新要求，梳理形成推动工作实践的科学指南。

"黎明师傅平时只要有时间就带着我们年轻员工讲解十九大精神，我也要以师傅为榜样，下苦功夫把十九大精神学透，把握准。"黎明共产党员服务队队员张雨蔚翻着张黎明写得密密麻麻的厚笔记本，目光中满是崇拜。

与此同时，张黎明还通过专家讲学、典型促学、结对帮学等方式与一线员工共同学习思考，通过"讲、议、评、悟"等方式，在"讲中学""学中做""做中悟"，带动身边的干部员工将十九大精神学习引向深入。

把履行好职责作为坚定的目标，走在前，干在前，凡事比别人多做一些，做好一些。

格物致知

"弄通"助十九大精神落地开花

学懂是前提，弄通是关键，做实是根本。张黎明把十九大精神与企业的发展目标，与服务滨海新区开发开放，与充分发挥央企"六个力量"的作用，与自身工作紧密结合，融会贯通，上传下达，切实做到明政策，接地气，将十九大精神宣讲贯彻到各行各业。

张黎明作为天津市国资委党的十九大精神宣讲团成员先后到天津水务集团有限公司、中环电子集团公司等企业与党员干部、一线工人交流学习；深入东疆边检站、产权交易中心、居民社区等，把十九大现场氛围传递到边检干警、工人、百姓群众身边；被聘为蓝领工人客座教授，来到天津轻工职业技术学院等大专院校，与学校师生交流爱岗敬业、技术创新、为民服务等方

面的经验和体会。

"建设知识型、技能型、创新型劳动者大军，弘扬劳模精神和工匠精神，营造劳动光荣的社会风尚和精益求精的敬业风气……"在中环电子的装备车间里，基层一线员工围在张黎明身旁，全神贯注地聆听张黎明用朴实而生动的语言，描述自己的现场感受，一线员工边听边记，不时报以热烈的掌声。

"党的十九大召开后，我完成了十九大精神宣讲 29 场次，每一次宣讲都是一次再学习、再理解、再提升的过程。""三型"产业工人、劳模精神、工匠精神……这些生动的内容结合着张黎明多年的工作经历深刻地融入他的每次宣讲、交流中。每次宣讲各有侧重，各有不同，没有固定的教案，只有简要的宣讲稿及密密麻麻的笔记本和一个电力共产党员对"不忘初心、牢记使命"的执着和担当！

发现问题、研究问题、解决问题，就是创新。

知行合一

"做实"将十九大精神融入工作

学懂弄通是基础，做实显效才是关键。张黎明将常学和实做结合起来，在"实做"中发现新问题、找出新方法、提升新高度，做实十九大精神，与国网天津滨海供电公司全体干部员工共同努力，积极推进"美丽滨海"建设。

十九大报告指出："坚持全民共治、源头防治，持续实施大气污染防治行动，打赢蓝天保卫战。"如何扎实推进"煤改电"暖心工程，打好大气污染攻坚战，同时确保百姓居民冬季如期供暖，张黎明多次深入新区河头村村委会等"煤改电"现场，实地考察居民取暖情况。在公司统一安排下，黎明共产党员服务队连续奋战改造提升电网架构，涉及10多个村和地区，

4000 多户居民的"煤改电"暖心工程全线竣工，超前全面供暖期近半个月，保证了新区清洁、可靠供暖。

十九大报告提出"建立以企业为主体、市场为导向、产学研深度融合的技术创新体系"。爱钻研的张黎明发挥自己的经验优势，天天跑现场、查资料，琢磨出了带电作业机器人绝缘、定位等关键问题的突破点，并提出研发方案，充分发挥"地、室、坊"三级联动创新机制作用，带领团队联合清华大学、科研机构等开展攻关，开展"基于人工智能的配网带电作业机器人"研发。该项目得到了天津市委市政府、国家电网公司领导的充分肯定，在国家电网公司第三届青年创新创意大赛上斩获金奖。"基于人工智能的配网带电作业机器人"二期计划实现电力工人站在地面上遥控机器人就能完成带电作业，现已进入研发阶段，争取早日成为落实十九大报告精神的具体创新实践。

谈到未来，张黎明满怀信心地表示："党的十九大已经闭幕，但党代表的职责没有结束，身上的责任更加艰巨。十九大为我们指明了方向，下一步我将以永不懈怠的精神状态和一往无前的奋斗姿态，继续前进！"

扎根基层　埋头苦干

匠心独运·难事必做于易，大事必做于细

实干无遗力，功夫钻始成

简单的事，天天做实了，就不简单；容易的事，天天做好了，也不容易。

"活地图"

"做好故障抢修，技术精、地理熟是必须的！"张黎明这样说也是这样做的。工作之余，张黎明就带着笔记本，沿着不同的电力线路走，还时不时地掏出小本，记录所辖线路的沿途地理位置及周边环境，从老式28自行车到电动自行车再到抢修汽车……把道路从草路骑成了土路又开成了柏油路……回到家，张黎明就把一条条线路图精确地绘制下来，并弄清所有配电线路所带的用户及用电性质。慢慢地，他对单位所辖线路的全部参数指标、安全状况、沿线环境及用户特点等情况了然于胸。

简单的事情重复做，重复的事情用心做。慢慢地，当时塘沽地区内的8条220千伏、8

条 110 千伏、32 条 35 千伏、58 条 10 千伏线路，都装在了他的脑子里。结合长期的抢修实践，他还练就一手事故诊断的绝活儿，根据停电范围、故障周围环境、天气情况、线路设备健康状况以及线路保护动作情况等，迅速判断出事故的基本性质和位置，甚至能准确判断出故障成因和故障点，为高效完成抢修任务赢得宝贵时间，时间长了，同事们送他一个雅号——抢修"活地图"。

张黎明的爱人李海春曾讲过这样一件事。一天深夜，黎明师傅正打着呼噜，突然手机响了，原来是班里同事打来的，有个故障地点比较偏，抢修人员找了半天也没找到，只能向黎明师傅"求援"。只听黎明师傅说："往东走，300 多米，旁边有个养鱼池。"电话一撂呼噜声就又响起来了。李海春很担心："这迷迷糊糊的，能说对吗？没准儿过一会儿电话还得响。"可是，电话还真就没响。抢修人员按黎明师傅说的，很快就找到了故障地点。

虽然有这个"绝活儿"，张黎明在工作上也丝毫不敢马虎懈怠，他说："把岗位的活儿干好了、干出彩，就是讲诚信、尽本分，这就是我所理解的履职尽责"。无论什么时间，无论哪儿的线路出了故障，他在及时组织人员抢修的同时，自己更会抢先到达现场，细心做好抢修现场勘察和预案工作。同事们说："有张师傅在，再大的问题、再难的故障都能很快查出病因，他就是名副其实的主心骨，是大家心目中响当当的抢修'活地图'！"

好，我马上就到。

"机"不可失

"党员就是要走在前，干在前，凡事比别人多做一些，做好一些，这是我们的责任！"

海河隧道工程是我国首次在高地震区修建沉管隧道，因而备受瞩目。2014年10月的一天，夜里12点左右，海河隧道建设工地突然停电，用户备用电源最多维持2个小时用电，当时施工现场正在开展大型混凝土工程浇筑，无法恢复供电将造成重大损失。情况十分紧急，项目负责人隋洪瑞给张黎明拨通了求助电话，与此同时，张黎明也接到公司调度的电话，要求他们迅速开展全线故障排查。张黎明带队对供电线路进行全线排查，最终发现因施工造成供电电缆被挖断，他当即决定将此线路甩送，前后不到2个小时，现场恢复送电。抢修结束后，张黎明还主动给参建的施工队伍开展培训，防止此类事故再次发生。

能够夜间或者节假日迅速赶赴现场，得益于他多年来养成的一个习惯，即手机不离身，而

且24小时全天候待机，还得确保手机不断电、不欠费。张黎明说，手机就像他的一个器官，时时刻刻"长"在身上。可也有那么一次，手机不知怎的，无论如何找不到了，这可把他急坏了，当手机"失而复得"后，他发现有数十个未接来电。从那以后，他就更加小心，手机不离身、不断电、不欠费成了他的一个习惯。

除了"机"不离身，张黎明连续十余年的除夕，都主动留在抢修值班室里，为保万家灯火放弃了与家人团聚。为确保安全高效完成抢修任务，他更是细致做好工作前的"预热"，提前勘查现场、制定预案，并做好安全交底。在事故现场，他组织完成的高低压故障抢修、倒闸操作等作业近2万次，从未发生一起安全事故。自贸区工程建设的现场、故障抢修的深夜、大雨滂沱的居民小区……到处都有他忙碌的身影。他精益求精练技术，身先士卒当表率，用责任书写着无悔的人生，他以独特的人格魅力和精湛的抢修技术成为当之无愧的"专业带头人"。

干工作不能光埋头干，得琢磨怎么才能干好了。

厉害了！我的张师傅

　　黎明是"活地图"。他所从事的配电抢修工作，是电网企业服务经济社会发展、服务民生的"最后一公里"，联结着千家万户。30多年来，他走遍辖区内的所有线路，绘制了1500多张抢修线路图，对线杆位置、交通状况等烂熟于心。有人问，他总能随口说出在哪条线哪根杆，往前往后再走几步就能到。曾有位同事当着领导的面有意考他："黎明，上大线68号杆在哪？"张黎明脱口而出："在马厂减河边桃树园内，距67号杆325米，中间点是滨海公司与检修公司的管理分界点。"凭着这样的真功夫，哪里发生故障，他总能以最佳路线和最短时间赶到现场，比导航软件还准。可以说，黎明这张"活地图"正是他用心、用脚一步一步走出来的！

黎明师傅不简单，棋高一招解急难。
绝技如何能练就，精益求精总钻研。

2015 年 7 月，天津自贸区最大的商业综合体宝龙大厦主体工程正在进行混凝土浇筑作业，突然发生停电故障，现场好几台设备无法正常运转，尤其是混凝土原料亟需振捣，否则就会凝固，损坏大型设备，情况十分紧急。张黎明接到报修电话，马上带人赶到现场。他和队员们仔细检查，发现故障点在一条分支线上，于是他果断下令："马上隔离故障电缆，送电！"但是一合闸没合上，徒弟焦急地看着师傅，张黎明又检查了一下开关，对徒弟说："往机构拐臂上喷点松动液，再用扳手活动一下！"再合闸，电通了！看着徒弟钦佩的目光，张黎明笑着说："今天这种情况以前碰到过，《急修案例库》里就有！"

"厉害了，我的师傅。"徒弟翟世雄更是敬佩不已。

张黎明接着说："没那么厉害，几年前我曾与设备研发人员探讨业务，'解剖'开关箱时，对方曾说箱体里的轴承杆与弹簧钩连接部分经常会生锈，影响运转。我就大胆尝试，结果还真解决了问题。你们要是知道，也能解决问题。"

抢修中的"小动作"看似简单，却折射出张黎明对工作的用心与执着，只有平常踏实细致的积累，才能在关键时刻一锤定音！

抢修是辛苦，但也是雪中送炭、救人危急的事，干着光荣。

风雨"逆行人"

  滨海黎明共产党员服务队有一套《班组大事记》，记录了服务队成立以来发生的所有大事，从记录中可以清晰地看到他们服务企业奉献社会的点点滴滴。抢修班实行三班倒休，二十四小时上岗。春季初雨、夏季高温、七月暴雨和冬季大雪，即使是三更半夜，只要接到报修通知，他们马上奔赴现场，在最短的时间内排除故障，恢复供电。他们用心点亮万家灯火，被称为风雨"逆行人"。

  电力抢修是电力生产第一线，突出特点是又苦又累还危险，故障一来就得上，别人往家跑，他们往外跑。2010年的夏天，滨海新区遭遇特大暴雨，当时正赶上班组几个年轻队员值班。天气越糟，用电故障就越多，报修电话一个接着一个。虽然大家对当天的天气早有预判，黎明

师傅也早就提醒过要随时做好准备，但突然接到这么多故障电话，大家还是有些慌了神儿。就在这时，抢修班的门开了，本该在家休息的黎明师傅突然又出现在大家面前，这让大家一下子找到了主心骨。

因为雨势很大，滨海新区东西沽地区地势低洼，在行进中，遇到道路积水太深，抢修队员无法通过，只好跳下车，冒着大雨，趟着没膝的雨水，到达抢修位置。抢修队员贾明辉回忆，当天，10千伏线路掉了14条，低压故障发生70多件，这是他工作以来经历时间最长的一次抢修大仗。抢修队员们的衣服早已湿透，鞋子被泥水浸泡得看不出原来的颜色，有的人双手被泡得发白。抢修过程中，师傅看着班里的队员们心疼地说："你们轮流歇会儿，挺不住就回去打个盹儿。"但黎明师傅却似乎分外精神，不落下一个抢修任务。当抢修结束回到班里，年轻队员的头是蒙的、腿是软的，都记不得这一天是怎么过来的。

推开黎明师傅办公室的门时，他在办公桌旁沉沉地睡着了，斜靠在椅子上，头半仰着，工作服还没干透，一只手捏着吃剩一半儿的煎饼果子，这是早上路过一个煎饼摊时买的，一直没来得及吃；而他的另一只手攥着手机，放在胸前，这是他习惯的姿势。

有一次问黎明师傅："一线抢修这么辛苦，怎么也没听见您抱怨过？"师傅说："抢修是辛苦，但也是雪中送炭、救人危急的事，干着光荣"。师傅的这份信念，也成了抢修班的集体信念。

这样的抢修只是黎明师傅和队员们日常工作的一个缩影，他们用坚守的"辛苦指数"换来百姓客户的"幸福指数"，他们用无数次"最美逆行"有力践行了国家电网公司"人民电业为人民"的企业宗旨。

我是国家电网人，人人都是企业的一张名片，要用"心"让万家灯火更璀璨、让城市更美丽！

一个好汉三个帮

2018年5月28日，"时代楷模"发布会现场，天津港煤码头公司操作一队的老队长孔祥瑞、大庆油田1205钻井队的代表赵明涛、黎明共产党员服务队队长张黎明共同上台，瞬时将发布会推向高潮。

张黎明与孔祥瑞在一次偶然的机会结识，两个人本在不同企业从事不同专业，按说是走在平行线上的两个人，唯一的共同点就是他们都是扎根一线、埋头苦干，把各自的专业领域干到了"极致"。

两位志同道合的人第一次见面就被对方身上的特质所吸引。孔祥瑞这位闻名全国的劳模和他的天津港操作队，也是以善于创新而著称，曾先后开展技术革新150多项，获多项国家专利，为企业创效8000多万元。张黎明很欣赏孔祥瑞那句名言："在天津港，每名工人都有属

于自己的舞台，只要你有能力，就会被发现，就会有施展的空间"。能够和孔祥瑞面对面交流技术创新和想法是张黎明最开心的事。孔祥瑞也很欣赏张黎明那句已成为服务队座右铭的话："工作着是快乐的，创新让工作更快乐"。共同的信念、共同的责任，让他们携手走到了一起。

2009 年 4 月，黎明服务队与孔祥瑞操作队签订了共建文明队协议，从此开启了两支队伍互学互助、互帮互促的新征程。张黎明听孔祥瑞讲，他的操作队和铁人王进喜工作过的大庆油田 1205 钻井队也结过对子，铁人操作队"有条件要上，没有条件创造条件也要上"的这种精神，值得好好学习。开展共建以来，两支队伍开展了多项交流合作活动，其中包括服务队班组管理、品牌建设、延伸服务等工作，还商定开展科研协作，以此相互学习，相互帮助，相互促进。共建活动的开展，也拓宽了张黎明及队员们的视野，带来了很多电力抢修之外的创新经验和工作技能，为服务队的快速发展奠定了良好基础。

俗语说"一个好汉三个帮"，从大庆油田的铁人王进喜和 1205 钻井队，到天津港的孔祥瑞和孔祥瑞操作队，再到国家电网公司的张黎明和黎明共产党员服务队，他们几十年如一日，扎根一线，用苦干实干和巧干，承担起不同时代赋予产业工人的责任和使命。从三代工人劳模身上，我们看到的是新中国一代代工人奋斗精神、工匠精神的薪火相传。他们代表着新中国筚路蓝缕的创业时代，代表着中国崛起的决胜力量，也代表着国有企业服务社会的价值信念。

勇于探索　　矢志创新

创新于微·每一处都是创新阵地

电力创客行无止境
班组创新蔚然成风

创新是一种思维模式、工作方法和行为习惯，创新的基础是"用心"。

"钢铁侠"诞生记

老哥们的苦恼

2016 年 7 月的一天，张黎明骑着自行车巡线，在 10 千伏 153 线路 7 分支 1 号杆，他看到带电班的班长邵桂彬正带着班员在进行带电搭火作业。

绝缘斗臂车上，两个工友穿着厚重的绝缘服、戴着笨重的绝缘手套在进行导线的剥切工作，虽然上午的日头不是很足，但没一会儿，师傅额头沁出的汗水就已开始顺着脸颊往下淌。

等两个小时后张黎明巡线归来，已是骄阳似火，带电班的师傅们也终于完成了工作，此时他们已是大汗淋漓、浑身湿透，脱下防护服就如同从热水桶里捞出来一样。张黎明递上毛巾和他的老哥们儿邵桂彬聊了起来。

"我有段时间没干带电的活儿了，你们现在还是用传统的绝缘手套作业法啊，这种方法对作业人员的要求高，危险性大，条件也很艰苦，你们没什么新办法吗？"

邵班长锁紧眉头叹了口气，说道："哪那么容易啊！还是得按老办法干，现在带电工作量很大，一年进行带电作业 500 次左右，其中70%要带电搭火，每次都得穿着那么沉的绝缘装备，剥完绝缘皮还得用搭火线夹固定，再用绝缘罩恢复绝缘。你看现在这天这么热，可是干活儿不能给老百姓停电，这样我们的带电作业量就更大，我的队员们也就越发辛苦。辛苦不说，高温湿热状态对安全也极其不利。唉，真让人难办呀！"

听完这些，张黎明不由心头一紧，带电的工友们一年之中竟有这么多的时间要在这种高危艰苦的环境下工作，他不禁为这些师傅们揪起了心。如何解决老哥们儿的苦恼，降低带电搭火作业的危险性，成了萦绕他心间挥之不去的一个问题。

张黎明研究了现在广泛应用的各类带电作业操作法后发现，只要是由人来操作的，就很难避免带电作业危险系数高、作业条件苦这一难点，那要如何才能解决呢？当读到一篇人工智能的文章时，张黎明想，若是能将人工智能和带电搭火作业结合起来，由机器人来代替传统的人工，就能既提高效率，又解决安全问题，岂不是两全其美嘛。

想到这，张黎明一下就兴奋起来，觉得这是条可行之路，立刻着手研究起"人工智能"这个听起来十分高大上的新事物。

头脑风暴出火花

一个好的想法总能吸引许多志同道合的人。

公司的黎明工作室和班组创新工作坊两级联动，为勇于创新、乐于创新的滨海职工搭建了很好的平台，使工作场所真正成为"创新阵地"。在一次创新工作室的月度活动会上，配电的青年员工又在阐述着近日工作中发现的一些创新点，你一言我一语好不热闹，有的还直接在配电"金种子"工作坊的小车床上加工出实物来更好地说明想法。

轮到带电班的青年员工韩立超和王立国了。

小韩说道："张书记，我们带电作业条件苦，在斗臂车上一干就得个把小时，师傅们太辛苦了。我们就想，现在人工智能已比较成熟了，能不能做一个能干带电作业的机器人，替师傅我们每一名党员，代表着党的形象，当我们用自己的专业为百姓做力所能及的服务，百姓感谢的其实是我们的党。

们完成这些工作呢？"

2014年入职的小王在一旁补充道："有了机器人，可以避免出现人工误操作，提高安全系数，要真能有这么个机器人就太好啦！"

这不正与自己想的不谋而合吗！张黎明一听，高兴地说道："你们可说到我心坎儿里去了，我这段时间也正思谋着带电搭火机器人这事呢！传统的带电方式不仅对我们作业人员不利，对老百姓们的生活也造成很大影响，因为作业时间长，斗臂车一占道就得一两个小时，本来就不宽敞的道路就更拥堵了，而且过往行人让咱干活儿的人也提心吊胆，咱要是让机器人去干活儿，劳动强度、安全风险就会大大降低，同时效率上去了，时间缩短了，供电可靠性更高了，对老百姓来说也是大好事啊。"

张黎明继续说道："带电作业的目的就是少停电，电停得少了，百姓的生活质量自然提升，获得感也就强了。让咱们组成团队，一起撸起袖子加油干吧！"

带电搭火机器人的研发工作就这样如火如荼地展开了。

跑现场、查资料，大半年的时间很快过去了，带电搭火机器人也慢慢有了雏形，初步确定机器人由无线控制系统、智能路径规划系统、机械臂、剥皮工具、搭接工具等五大部分组成。

转眼就到了2017年4月，韩立超和王立国听到国家电网公司要举办青创赛的消息，兴奋地找到张黎明，"师傅，带电搭火作业机器人很适合参加青创赛，要不咱们报名吧"。

张黎明一听，"好啊，我们这一段在'金种子'工作坊里一直无法攻克的技术难题，这次借助青创赛这个大平台，说不定能有办法解决。"

"师傅，那我们这个机器人叫什么名字好呢？"

"咱们的机器人若能研制出来，那它就是解决现在带电作业'苦、累、险'的英雄"，张黎明沉思了一下，说道："要不就叫导线上的'钢铁侠'吧。"

这个名字大家一听都说妙，就这样，导线上的"钢铁侠"诞生了。

原来是个"独臂侠"

2017 年 4 月在黎明创新工作室召开的一次"配网带电作业机器人"设计研讨会上，几名青年员工争论得面红耳赤。

一名青年员工困惑地说："采用人体工程仿生学的双臂机器人结构在进行导线剥切等作业时更加稳定，但是由于绝缘斗臂车的承重规定，这种双臂设计还是难以满足要求"。

"国内外现有的带电作业机器人都是采用了双臂的设计结构，但也都没有真正实现作业人员远离高压线的目标"，项目负责人韩立超说道。

张黎明听到这里若有所思，说道："大家要打开思路，双臂不行可以改单臂，可以仿照绝缘杆作业法

的原理。"顿时，创新工作室安静了下来，大家都在思考着这种方法的可行性，没过一会儿，工作室里就又讨论了起来。

2017年5月，方案经过多次论证后，小组终于确定了单臂结构的机器人设计方案，与此同时，这个想法也得到了公司各级专业部室的高度认可，项目很快就进入到寻找合作伙伴的阶段。由于突破性地采取了人在地面操作的方式，这就对机器人在传感技术、识别技术、认知技术和路径规划方面的智能化水平提出了更高的要求。在寻找合作伙伴时，团队咨询过很多人工智能领域的权威企业，发现这些公司虽然在人工智能领域实力强劲，但在机器人制造领域却很少涉及。经过多次的筛选和咨询后，清华大学高端设备研究院作为智能机器人制作领域的资深单位，凭借其在利用机器视觉、自动规划、程序控制等方面有着成熟经验的巨大优势，最终脱颖而出。

"独臂侠"这个机器人也终于要从图纸上走出来了。

"大众情人"就是它

2017年6月，项目研发进入到了最关键的技术攻关阶段。为了赶上青创赛的发布展示，研发团队的青年员工们每天下班后都要在实验室里工作讨论到半夜，每个技术细节都要经过严密的论证，机器人的绝缘问题、配套工器具的设计、专用搭火线夹的研发，每个细节都饱含着大家的智慧和辛勤的汗水。

6月20日，由于机器人剥切工具的效果不理想，团队立即组织了一次小型研讨会，通过反复研究实践剥切完的绝缘皮，发现现有的两端环切配合三角形排列的刀具纵切的剥切方式由于导线存在一定的弯曲度，会导致刀口切割不均，以至于绝缘皮有黏连的部分难以脱落。创新团队发现这个问题后，立即改变了现有的刀具排列方式，经过多次试验，最终决定将三角形排列改为水平排列。更换完新刀具，大家满怀期盼，进行了又一次的试验，机器人将导线抓取住之后，整个实验室的空气仿佛凝固了一样，大家都屏住呼吸，好像喘口气都会影响到"独臂侠"的作业精度似的。在安静地等待了十几秒之后，随着导线上的绝缘皮应声脱落，实验室也沸腾了起来。

怀着喜悦激动的心情，青年员工们似乎忘记了已经是凌晨两点的事实，还在互相谈论着机器人的改动。

"立超，你刚结婚不久就每天不回家，嫂子能乐意吗？"王立国忽然话题一转问道。

"现在是最关键的阶段，我可不能撇下我的'钢铁侠'不管啊！"韩立超说。

"哟，说得跟你的小情人似的！"青年员工朱文才打趣地说。

"咱们对它倾注了这么多心血，说是'情人'还真没错，可它不单是我的，更是咱们哥几个共同的情人呀！"听韩立超这么一说，大家都乐开了花，都说"对对对"！

创新本身就是一个不断试错的过程，所以要容许失败。
经历过失败，反而意味着你离成功又近了一步。

怀着成功的喜悦，虽然疲惫，却满是欣慰，对他们来说，实验室的又一个不眠夜也就不算辛苦了。

初露锋芒　广受赞誉

经过国网天津市电力公司预决赛的一路拼杀，2017年9月22日，导线上的"钢铁侠"终于站到了国家电网公司第三届青年创新创意大赛第一赛区复赛的发布舞台上。

7点15分　第一赛区道具间

"文才，检查机器人上电状态，确认通信状态良好！"

"机器人已上电，通信状态良好！"

"立超，启动带电搭火作业程序！"

"带电搭火作业程序已启动！"

道具间内，张黎明正指导着他的徒弟们对带电作业机器人进行赛前的最后一次测试。不出所料，机器人的各项功能均保持正常状态。

"你们三个都是全程参与了机器人设计、研发与制作的，所以在发布和答辩时，一定要从容自信……"张黎明再次叮嘱徒弟们。

"今天就看你们的了，小伙子们，加油啊！"

说罢，师徒4人将手叠加，齐声喊出了"加油"！

9 点 5 分　第一赛区 A 竞技场

伴随主持人"有请第 15 个项目进行发布展示"的报幕结束，大屏幕中未来创享 N 号科幻机器人形象闪现定格，"钢铁侠"项目的竞演正式开始。

大屏幕上一段幽默诙谐的机器人与虚拟人物的对话过后，项目发布人王立国自信从容地走上舞台，他绘声绘色、声情并茂地为各位评委和观众展示带电作业机器人的设计理念、"四大利器"和成果成效。

"无线控制系统、'鹰眼'视觉系统、独臂设计和全绝缘防护，就是我所介绍的'四大利器'……"随着王立国的展示，大屏幕中一组组数据、一张张照片、一个个视频跟随着发布人员的指令旋转跳跃，同时，舞台下方，带电作业机器人配合着背景音乐的律动也在挥舞着手臂向大家致意。

"……以上便是'创享 I 号'完成带电搭火作业的全过程了。通过传感技术、认知技术、识别技术及智能规划等的应用，实现了操作型机械设备向智能化机器人的跨越。"

在流畅生动、精彩纷呈的展示下，台下的评委、观众都被"钢铁侠"深深地吸引，频频点头。

9 点 12 分　第一赛区 A 竞技场

"钢铁侠"项目展示完毕，现场评委们就带电作业机器人的成本、作业过程中如何保证相间绝缘等问题进行了提问。舞台中央，几位主创对每一个问题侃侃而谈，简练准确的回答打消了评委的疑虑。

最终，"钢铁侠"项目不负众望，以其先进的创新技术、不可估量的实际应用价值和推广前景征服了全场评委，获得了国家电网公司第三届青年创新创意大赛四个赛区复赛的最高分——97.49 分，杀入总决赛。

不忘初心　继续前进

2017 年 10 月 26 日，张黎明作为代表刚参加完党的十九大风尘仆仆回到公司，就立即将干活儿要讲究不要将就。

韩立超、王立国、朱文才三人召集到一起。

"习总书记在十九大报告中明确提出要加快创新型国家建设，号召全党'不忘初心、牢记使命'，这让我感到担子虽然很重但更实了。就拿'钢铁侠'项目来说，进决赛只是实现了咱们的一个'小目标'，大家千万别忘了研发带电作业机器人的初心，是要解决带电作业中'危险系数高、作业条件苦'等实际问题的。就目前来看，咱们距'钢铁侠'真正的现场实用化还

差得远呢！"

"差得远？有多远？"

"你们看'钢铁侠'目前是 1.6 米 × 0.83 米，重 240 多公斤的大块头。我们在之前的实际场景测试时已经发现，机器人的控制柜和电源箱存在与带电体安全距离不足的问题，虽然我们喷涂了绝缘漆，但还是有隐患。下一步，我们还要对如何将机器人小型化、轻量化，以及如何优化布局以达到电池容量与续航能力的最佳配比等问题进行攻关。"

"习总书记在十九大报告里说，要建立以企业为主体、市场为导向、产学研深度融合的技术创新体系，促进科技成果转化。"张黎明满怀憧憬地说道，"为此，我们要加强与清华大学、南瑞集团等学研机构的深度合作，通过制定相应的行业技术标准，尽快促成机器人的市场化应用，并产生一批科技成果。未来，绝缘斗臂车上升起的将是智能程度更高、作业种类更广、兼容协同更强的新一代'钢铁侠'，创享 II 号、III 号……只要咱们敢想敢干，这些在不远的将来都是可以实现的，这种基于人工智能的机器人技术可能将彻底变革带电作业的方式。"

"看来，革命尚未成功，我们还得努力啊！"

"师傅，您这么一说，顿时觉得自己的形象又高大了！这完全肩负起了解救带电作业同仁于高空高压危险作业环境的重大使命啊！"

"没错，就得有这志气！所以我们要'不忘初心、继续前进'！"

一阵笑声过后，师徒四人又开始了新的攻关。

"钢铁侠"诞生以来得到各级领导的高度重视和充分肯定，并成功入选天津市人工智能重大科技项目。2017 年 11 月，该项目在国家电网公司第三届青年创新创意大赛总决赛上脱颖而出，斩获金奖。

"大鹏一日同风起，扶摇直上九万里！"借着十九大胜利召开的东风，沿着习总书记为科技创新指明的方向，"基于人工智能的带电作业机器人"项目一定能成为产学研相结合的典型示范，革命性地开创带电作业的新纪元！

工作场所就是创新阵地。

"孪生卡"

张黎明及其创新工作室始终坚持"发现问题、研究问题、解决问题就是创新"的理念,立足岗位潜心创新钻研,坚持努力让工作中发现的"痛点"成为创新的出发点。

在一次安全生产分析会上,一个问题引起了张黎明的注意。他发现有近四分之一的报修都是同一原因:用户在充值时,购电卡不慎掉进表箱内需要开箱取卡。通过进一步了解,仅仅是这样的小麻烦、小痛点,每年就要花费大量的人力、物力去处理,真可谓是"小题""大作"!

怎么避免这个小问题产生的大浪费呢?张黎明在自己心里开始琢磨。他找来与购电卡同样材质大小的塑料硬卡片,将网上购电指南、服务热线电话等便民信息放上去,做成一张服务卡。然后,将购电卡和服务卡用钢环相连,这样就保证了购电卡插入电表卡槽时,由于受到表箱外另一张卡的牵制,再也不会掉入表箱中。

小小一对"孪生卡"，钢环相连不分家。
电卡不再开箱取，一举方便你我他。

这对"孪生卡"就这样诞生了。投入使用后，效果还真不错。以每月400次这样的抢修为例，每次出车及更换铅封的成本按20元计算，这项创新小举措每年可节省成本近10万元。而且，通过服务卡上面传递的服务信息，可以让更多居民第一时间联系到电力公司，及时了解便民政策、用电常识，全方位实现优质电力服务进社区、进家门，可谓一举多得。

张黎明常说："干工作不能光埋头干，还得琢磨怎么才能干好。"在张黎明的示范带动下，越来越多的年轻人走上了创新的道路，他们坚持把工作场所当成创新阵地，随时随地想、随时随地试，营造出了"人人想创新、人人能创新、创新为人人"的良好工作氛围。

创新是一种力量，既可增强员工凝聚力和向心力，更能彰显自身才智和能力。创新力是助推企业卓越发展的核心竞争力！

"书"中自有"黄金屋"

张黎明爱学习、善钻研，秉持"服务没有最好，创新就能更好"的理念，随身携带螺丝刀、小剪刀等，一有创意点子就着手试验。有一种特殊手提箱就是这样被设计出来的，并成为抢修专业的必备工作箱，这就是"急修专用工具 BOOK 箱"。这种新型工具箱，如同一本"工具书"，将工具和常用备件分门别类地放置在适当的"页面"上，到了现场可以很方便地"翻阅"、提取，工具缺失也可随时发现。"急修专用工具 BOOK 箱"自问世后，在天津电力系统得到广泛推广应用，成为抢修一线员工的"随身宝贝"。

"以前，我们装工具都用电工兜，装的工具很有限，有时缺少哪件工具也不容易被发现。"配电抢修班老师傅杨伟华说。

"这本'工具书'乍一看平凡无奇，但翻开它，却有'书香四溢'，彰显了'匠心'和管理智慧。"运检专家们说。

张黎明不仅在技术创新上有一手，在管理创新上更有一套，他经常将管理学书籍中的管理经验应用到实际工作当中。他带领团队制订了《抢修服务一日标准化工作流程》，总结提炼出"服务态度主动化、服务手段现代化、程序标准规范化、管理方式军事化、延伸服务人性化、特殊对象亲情化"的"六化"工作法，不断提升工作效率、服务质量和客户满意度。

不止如此，为了更好地服务客户，提升抢修效率，张黎明与同事们一起，将多年遇到的故障成因进行总结分析。为了能让服务队员更快地掌握抢修经验，他又编辑形成了黎明《急修案例库》和《抢修百宝书》，"书""库"里列举的安全规程、注意事项和技术诀窍等成为大伙的抢修秘籍。

张黎明常说："基层的服务工作也是一部大'书'，只有读懂基层这本'无字之书'，才能不断提升'人民电业为人民'的境界和情怀。"

创新没有想的那么难，创新就在我们每个人身边，解决工作中的问题其实也是创新。

点"石"成"金"

张黎明坚持"干活儿讲究不将就"，时刻留心工作、服务中的"疑难杂症"，用心琢磨，常常将点滴创新变成开启智慧的火花，并把火花变成火炬！可谓精诚所至，点"石"·成"金"。

这些年，滨海新区生态环境持续好转，各种鸟类的数量种类也明显增多。春季，很多鸟叼来一些铁丝铁片，在电力线路设备上筑巢，非常容易造成短路停电。驱鸟器是常用的驱鸟设备，多年来使用效果有所减弱，急需新型驱鸟器及相关装置创新研究。

张黎明一直琢磨如何研制一种新设备，既不伤害鸟又能保障线路安全。他同队员们反复到现场调研，了解鸟的生活习性，爬到屋顶观察鸟的筑巢习惯，向果农讨教防鸟心得。那段时间，张黎明天天泡在创新工作室，一边在电脑上设计图纸，一边手工制作模型，同时对比用什么材料既省钱又耐用，经过几十次的反复试验和不断改进，成功研制出"三防凉帽"。刀闸上的这种"凉帽"可以防锈蚀、防鸟害、防污闪。张黎明还编了一个顺口溜，"刀闸戴凉帽，通引手拉手，不怕风和雨，允许鸟搭巢"。"三防凉帽"一经投用，取得了很好的运行效果。

但是，对于黎明来说，创新的道路永无止境。

在日复一日的巡线工作中，张黎明发现配电线路的横担上经常可以看到损坏废弃的驱鸟器，这些废旧驱鸟器占据了横担空间，严重妨碍了新型驱鸟器的安装。

为什么不能把这些不再使用的驱鸟

器拆除呢？张黎明知道，老式驱鸟器只能带电安装，并不能带电拆除。而且由于长时间暴露在外，老式驱鸟器的旋转轴承易锈蚀，导致很多驱鸟器破损无法使用。同时，为了搭窝，聪明的鸟类"见缝插针"，转杆锈蚀的驱鸟器恰恰成为鸟搭窝的"承重墙"。电力线路驱鸟工作，困难重重。

能不能发明一种既可带电安装又能带电拆除的新型驱鸟器呢？张黎明的创新神经又开始活跃地跳动起来。

随着共享单车的流行，善于观察的张黎明又一次找到了创新灵感。

有一天，张黎明在上班路上看到了一排共享单车，偶然间低头，他留意到单车车座下锁扣的机械原理。他想，若能将这个锁扣原理运用到驱鸟器的基座上，就可以实现带电拆卸了！

张黎明是个行动派。说干就干的他立即开始着手新型驱鸟器的设计。经过多次深入研讨，他和服务队队员们将驱鸟器基座设计为一种易拆装的卡具型基座，由支架、轴、锁扣和卡座四部分实现闭锁功能，且可搭配不同类型的驱鸟器进行使用。驱鸟器的上部则是张黎明之前发明的滚筒型驱鸟器的升级版，采用防鸟刺原理，扇叶模块采用硬质环氧树脂绝缘材料，耐用防腐蚀，并且扇叶模块可以按需延长缩短，起到占位功能。这样的驱鸟器不仅实现了带电拆卸，还延长了使用寿命。

很快，一个多月的时间过去了，第一代"共享驱鸟神器"诞生了。

张黎明怀着激动又忐忑的心情，用绝缘操作杆将其架到横担上，再将锁扣拉下，驱鸟器便严丝合缝地安装到了横担上，再向上一推，驱鸟器轻松拆除，实验成功了！同时，随着"共享驱鸟神器"的深入使用研究，张黎明越发感觉到这个卡具型基座可以广泛"共享"到电网运行的很多地方。不管是输电还是配电，不管是高压还是低压，配电线路的故障寻址器、输电线路的防鸟刺、相序牌等，凡是有角铁的地方，都可以共享使用这个基座来安装。

创新路上的这些"金点子"的故事，来源于对日常工作中出现的"绊脚石"的留心琢磨，是经验与智慧的结晶。抢修工作随时都会碰到新状况、新挑战，贵在要有精益求精、专注敬业的匠心和坚韧不拔"钉钉子"的恒心。只有这样才能涓涓细流、久久为功，点"石"成"金"。

用心研磨，我们总能找到解决问题的方法，创新成果往往水到渠成。

唯有创新活水来

张黎明一直有一个质朴的梦想：让居民想用电时就有电。为了这个梦想，张黎明不仅岗位上兢兢业业，一丝不苟，而且坚持不断创新。他常说："通过创新，让老百姓尽量感觉不到停电，生活质量能不断提升，我就特别有成就感。"这就是黎明境界，也是他创新的"源"动力。

"可摘取式低压刀闸"就是张黎明的经典创新成果。以前，更换变压器保险，抢修人员必须穿戴安全护具，全副武装登上2米多高的变压器台架进行操作，从停电、换保险再到恢复送电，整个过程大约需要45分钟，而且为了保证抢修人员的安全，旁边的非故障线路也要停电。这样一来，一台变压器停电检修，至少会影响150个用户的生产生活用电。张黎明下决心改变这种状况。经过一年多的反复琢磨和试验，他将原来的固定式刀闸片改造成可摘取式（保险片就固定在刀闸片上）。这个小革新，不用停电，抢修人员也不用再登高作业，站在地面上，用绝缘拉杆就把保险给换了，而且只需要8分钟！仅这项专利每年就可为国网天津市电力公司创造经济效益300多万元。

黎明是"巧手工匠"。作为新时代的产业工人，不仅要有实干的自觉、苦干的本分，更要有巧干的担当。

配电线路的高压刀闸，一般受到雨雪天气的影响后，时常发生闭锁锁死的现象，导致刀闸不能正常拉开，影响工作效率和送电时间。张黎明了解情况后，召集队员们开始了一场防锈死的"攻坚战"。

"既然没有现成能用的，那我们就自己来创新！"在夜以继日的研究、讨论、设计后，新型高压刀闸的设计图纸终于在黎明创新工作室诞生了。新型高压刀闸取消了原有的闭锁钩装置，

在动触头的两侧制作半球形凸起点，用来固定触刀，以实现闭锁功能。为保证此连接方式的可靠性，满足原有高压刀闸的闭锁功能，队员们还对触刀进行改造，把原来的单面弹簧变为现在的双面弹簧，并在每侧弹簧下加装扳型弹簧加强板，以加强触刀与动触头的咬合力，形成了一种通过"门碰"式结构实现高压刀闸闭锁的方法。张黎明带领队员们对各部分新加入构件（半球形凸起点、弹簧、扳型弹簧加强板等）的尺寸、弹力等数据进行反复试验，新型高压刀闸实物成功诞生。新型 10 千伏高压刀闸推广应用后，大大减少了倒闸操作时间，拉合闸快速便捷，降低了工人劳动强度，同时增加了刀闸的使用寿命，在一定程度上实现了线路高质量运行维护。

2011 年，张黎明创新工作室应运而生。多年来，在张黎明的带领下，团队实现技术革新 400 多项，获得国家专利 140 多个，20 多项成果填补了智能电网建设的空白，带出一批能力强、素质高，敢担当、善创新的人才队伍。2017 年，张黎明创新工作室获评"全国示范性劳模和工匠人才创新工作室"。

没有完美个人，只有优秀团队。

在工作室的示范引领下，"地、室、坊"三级联动创新机制有效创建应用，"众创""班创""青创"活动蔚然成风，"金种子""蒲公英""砺石"等10个班组创新工作坊也相继成立，围绕电网运行、营销服务等多方面的疑难杂症，创新出了一批高精尖、能复制、可推广的项目。

电缆专业"静默"创新工作坊，立足优化电缆设备运行维护，研发出"新型带独立平台分角度钢管杆"，获全国电力职工技术成果二等奖。自贸区服务中心"星空"创新工作坊为进一步提升供电服务中心服务区域经济发展能力，创新实施"快、高、新"360度全景自贸区供电服务体系，获国家电网公司第二届青年创新创意大赛银奖。计量专业"精微"创新工作坊为进一步提升优质服务水平，创新开展"无忧管家——'免打扰'智慧用电服务"，获国家电网公司第三届青年创新创意大赛银奖。配电专业"金种子"创新工作坊攻坚带电作业新技术，研发基于人工智能的配电带电作业机器人——导线上的"钢铁侠"，获国家电网公司第三届青年创

新创意大赛金奖。

　　每个行业都有志同道合者，把这些人的梦想放到一起进行碰撞，就会产生无穷无尽的能量。在这一点上，张黎明创新工作室做到了，他们坚信"唯有创新活水来"，他们的创新来源于日常工作的问题导向，来源于百姓的切身需要，因而，创新工作室产生的效益，不仅仅是经济价值，更有巨大的社会价值。

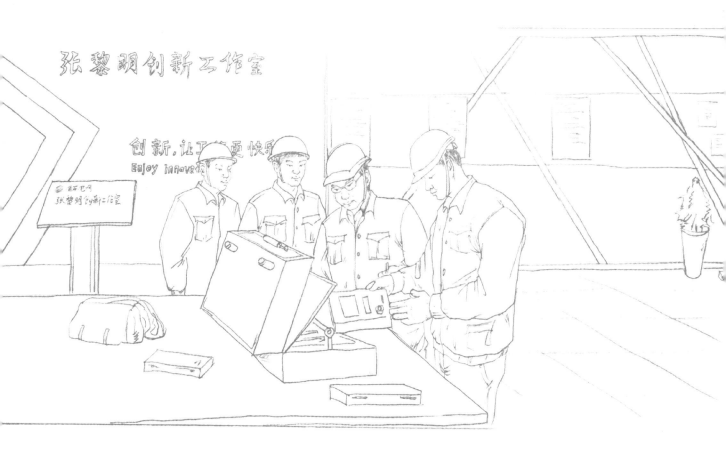

甘于奉献　为民服务

奉献无悔·一个让百姓生活更好的承诺

贴心服务连心桥
排忧解难金名片

为社区服好务是我们应尽的责任。

救场如救火

黎明共产党员服务队成立至今走过十几年的历程，他们通过开展志愿活动，为居民用户提供延伸服务，用实际行动架起了党联系群众的"连心桥"。

2011年七一前夕，龙都社区为庆祝建党90周年组织了一场"感党恩、颂党情"文艺晚会，地点在塘沽火车站旁的小广场，时间定在周日晚上。晚会前一天，服务队接到了社区居委会何丽的求助电话。原来，社区前期工作已经准备完毕，主持人邀请了、请柬发了、居民也通知了，可电源还没着落。社区原以为电源从辖区内火车站和汽车五厂接过来就可以，但是由于电源容量不够，且电线要横穿一条主干道、车辆经过不安全等原因，几个单位都婉言回绝了，这可把社区工作人员急坏了。

万般无奈之下，何丽辗转找到张黎明的电话。当时正在天津市区开会的张黎明回复到："你们别着急，晚上我回塘沽，明天一早儿就去看。"第二天一早儿，张黎明和两名服务队队员带着电缆和工具准时来到了现场，顶着炎炎烈日一直忙到快十二点钟才接好了电，他们却一口水都没顾上喝。

周日晚上，晚会如期举行。张黎明又带着服务队队员来到演出现场，但他们不是观看演出，而是怕电源出现问题进行巡查保电，直到晚上十点多晚会结束才离开。此时，他们的工作服都已被汗水浸透了。

几天后，社区用大红纸写了感谢信送到了黎明共产党员服务队以表达感激之情。谈及此事，何丽深情地说，"救场如救火，服务队个个都是活雷锋啊！现在每当我在街上看到电力公司的黄色抢修车，就想到国家电网，想到张黎明队长和他的队员们，心中敬意油然而生。作为社区居委会主任，每天工作千头万绪，社区大事小情不断，也经常受到委屈、遭到居民的误解，每当此时我就想到了黎明，想到他的善小常为、大爱无私。想到他，我就有了力量，人家都能把分外的事当成分内的事来干，这点委屈算得了什么。他就是我们心中的楷模，学习的榜样。"

"金杯银杯不如百姓的口碑"，我们共产党员服务队要用真情的行动，为党争得好口碑!

公家的队伍，好!

滨海黎明共产党员服务队成立之初，发生了这样一件事，让张黎明和他的队员们记忆犹新。

那是 2008 年，家住杭州道小区的郑奶奶发现抽油烟机漏电，以为是机器坏了，因为家里孩子都不在身边，就找来街边卖抽油烟机的人给换了一台。结果花了好几百块钱，新抽油烟机还是漏电，卖机器的人鼓捣了一会儿，也没修好，无奈之下，又把旧机器换了回去。这下更糟了，家里所有电器的外壳都带电了，摸哪儿手都是麻的。

万般无奈之下，老人抱着试试看的心情来到黎明服务队寻求帮助。按说这样的事不属于电

力公司管辖范围，但是服务队对老百姓有延伸服务的承诺，看到老人找上门来，张黎明马上带着队员来到老人家中。经过检查，张黎明和队员们发现了漏电的原因，是郑奶奶家中的电源插座存在接线问题，他们不仅动手把漏电的问题解决了，还把老人家中各处的电线开关检查了一遍，以确保用电安全。临走前，郑奶奶特别感激，拉着张黎明和队员们的手说："还是公家的队伍好，你们说到做到，是实实在在给老百姓干实事的！"而张黎明也从郑奶奶的话中感悟到重诺守诺的力量，正所谓"金杯银杯不如百姓的口碑"。

张黎明常常跟队员们共勉：我们是央企的服务队，每个人的一言一行不仅关系到个人及公司声誉，更是代表党的形象，我们用所掌握的专业技能为百姓做点力所能及的实事，老百姓感谢的其实是我们的党，我们要用实际行动为党和国家、为企业赢得好口碑。

只要对社区居民有利，我们就做！

点亮黑楼道的"心灯"

张黎明始终坚信"服务没有最好、创新就能更好"。如何在服务中创新，为客户提供更加优质的服务？一要靠爱心，二要靠用心观察，三要靠过硬本领。通过用心观察、潜心钻研，黎明共产党员服务队利用自身专业特长创新开展了一个非常有意义的志愿服务项目，叫"节能互助·照亮邻里——老旧小区楼道照明改造行动"。

以前，张黎明到老旧小区抢修或者看望孤残老人时，发现楼道总是不敞亮。居民尤其是老人，本来上下楼就不方便，再加上光线不好，行动就更为困难了。发现了这个问题后，他立即组织

服务队队员在黎明创新工作室讨论解决办法。通过集思广益、头脑风暴，张黎明带领服务队队员一方面对照明线路进行优化改进设计，另一方面从网上找寻能够声光控制的 LED 节能灯泡，这种灯泡不仅能够通过声音控制光亮，而且非常节能，一年电费还不到 2 块钱。服务队队员就利用黎明发起成立的"黎明·善小"微基金的善款购买了节能灯泡，并主动协调居委会及居民，共促此善举落地开花。

从 2016 年项目启动至今，服务队共点亮了 37 栋老楼 148 个"黑楼道"，使得 2000 多户居民从此不再摸黑爬楼。此志愿项目已在多个社区全面推行，得到了社区广大居民的热烈响应和高度评价。

灯泡的问题解决了，可在谁家接电还是个问题。在黎明服务队的真情号召、居委会的积极协调下，许多居民主动申请从自家接电，承担照明的责任，并切身感受到"赠人玫瑰、手有余香"的奉献快乐，形成"供电企业—居委会—社区百姓"三方联动送光明的志愿服务常态机制，有力弘扬了"善小常为"的社会正能量，成为践行社会主义核心价值观的生动实践。

张黎明遇到的问题，相信很多人在他之前都遇到过，为什么张黎明能开启"节能互助·照亮邻里"的送光明行动？那是因为他时刻怀揣着关爱群众的真心，当遇到社区居委会同志的热心和广大群众的爱心时，"心""心"点灯，就把大家的心照亮了！

群众困难常常想，灯黑楼暗心发慌。
节能互助照邻里，一盏小灯亮心房。

助人者自助，以自己的所学所知，为百姓救急解难，体现人生价值。

扶不扶？服！

服务队向社会各界公布服务热线电话后，张黎明的手机号出现最多的地方，是社区敬老助残服务卡、街道市民服务手册和便民爱心卡上。除了公司职责范围内的抢修外，服务队还要帮助解决很多与用电无关的百姓急难问题。当下社会，人们虽有乐于助人的想法，可在关键时刻，又往往产生很多顾虑，怕做了好事反倒惹了一身麻烦。作为一名党员，张黎明始终坚守这样一个信念：不仅要服务好百姓，做到讲道德、有品行，有时候还要豁得出去。

"张师傅，快来救救我，我心脏不好受，喘不上气，儿女也联系不上。咳咳咳……"

2015年3月的一天，黎明服务队的一位帮扶对象，家住丹东里社区70多岁的陈雨兰大娘打来电话求助。从大娘有气无力的声音里，张黎明意识到了情况的危急。他二话没说，与队员们驾车迅速赶到陈大娘家。他们发现大娘脸色苍白，双手紧紧抓着床单，大口大口喘着粗气，额头和脸上都是汗珠。多耽误一分钟，就有可能耽误了黄金抢救时间。

怎么办？"要不，拿我们的抢修车送？"张黎明清楚，一旦做出了这个决定，就要承担许多难以预料的风险，因为当时社会上讨论比较多的话题就是"大娘摔倒，到底该不该扶"。可时间就是生命，陈大娘能给他这个非亲非故的人打电话，说明信得过他，他怎么也不能辜

负了大娘的信任。他和同事背着大娘，送上车，将老人送到了医院，一直等大娘脱离危险才离开。负责抢救的医生说再晚来5分钟，可能后果不堪设想。

回来之后，家人和同事不免觉得黎明的行为有些"冒失"，因为可能由于施救不当造成终身遗憾。张黎明就想，以后再遇到这类事情不仅要救，还要科学施救，多学急救知识，每个抢修车配一个急救箱，备好各类常用药品，关键时刻就能挽救一条生命。

事后不久，陈大娘的家人带着锦旗来到服务队，给他和队员们鞠躬致谢。每个队员都感受到了心灵的震撼。这种震撼，不仅仅因为这是一个家庭给出的最高礼遇，更重要的是，它让队员们刻骨铭心地明白了，无论什么事情，只有对百姓"心存大爱"，在关键时刻豁得出去，才算对得起共产党员服务队的称号。

张黎明拿着锦旗对他的队员们说："对于百姓，危难时刻无依靠，扶不扶？必须扶！"

大家在点赞黎明心存大爱的同时，心里只有一个字——"服"！

客户所需
党员所及
让百姓满意
让爱心传递

让百姓发自肺腑的信任，这或许就是我们党员最重要的本分。

"红马甲"就是"金名片"

　　近年来，国家电网公司在党员中广泛开展了"三亮三比"主题活动。但在实际开展过程中，有的人对在工作中亮明党员身份有顾虑，怕言语中有闪失、行动上受束缚。黎明共产党员服务队队员们却认为，党员亮身份对工作帮助很大，当身着"红马甲"到现场服务时，"共产党员"这四个字在百姓看来就是亮身份，就是诚信服务的"金名片"。有时候就是这样的"亮身份"，让他们的服务起到了事半功倍的效果。

　　2016年夏天，长征七号运载火箭生产基地的一户居民来电反映，家里患有癌症的病人所用的靶向治疗药物需要冰箱低温保存，而且不能停电，但受限于小区物业供电设备相关参数设定，偶尔会出现断电现象。这件事虽然不属于电力公司负责的范围，但是既然老百姓找到了服务队，就必须"有求必应、有难必帮"。当身着红马甲的服务队队员到达现场时，正在争辩的居民和物业双方立即安静下来，当看到"共产党员服务队"这几个字时，他们的表情、言语中展露出真切的信任和期盼。在张黎明与队员们的帮助下，通过现场调整小区物业供电设备参数，

身着"红马甲"，有求必帮扶。
党员亮身份，百姓信任"他"。

问题很快得到了解决。事后居民和物业公司的工作人员都表示，"你们是党员，你们说的话、办的事能找到主儿，值得信！"是的，红马甲就像是一张"金名片"，一张信用度超高的"金名片"，一张老百姓认可、看着就放心的"金名片"。这个故事也恰恰印证了张黎明常与队员们讲的一句话：服务队的成立是一份光荣，更是一份责任，抢修工作不但要讲效率、懂技术，更要有良心、讲党性。

成立十几年来，滨海黎明共产党员服务队积极践行"客户所需、党员所及，让党旗飘扬、让百姓满意、让爱心传递"的庄严承诺，搭起了党联系百姓的"连心桥"。服务队被授予"全国学雷锋活动示范岗"、国家电网公司"金牌共产党员服务队""十佳共产党员服务队"等荣誉称号，人民日报、新华社、中央电视台等主流媒体多次对张黎明和服务队的先进事迹进行专题报道，引发了社会的广泛赞誉。

张黎明先进事迹报告会

我眼中的黎明

热血丹心谱写感人故事
平凡岗位演绎精彩人生

作为基层党员，在本职岗位上把工作干好，干出彩就是对党最大的忠诚！

追求卓越　匠心筑梦

任　峰　国网天津市电力公司党委常委、纪委书记

2014 年我从国家电网公司总部调任国网天津滨海供电公司党委书记，其实早在 2007 年我就在总部评先中认识了张黎明，"黎明"的名字给我留下了深刻的印象，觉得他与干电这一行特别有缘。

张黎明扎根一线 31 年，伴随改革开放和新时代的步伐，从一名普通工人逐步成长为技能专家、全国劳模，从一名普通党员成长为全国优秀共产党员、党的十九大代表、时代楷模。他始终坚守"点亮万家"的初心，在平凡的岗位上充分展现了"蓝领工匠"的职业风采，展示了新时代产业工人的精神风貌。

黎明是"活地图"。他所从事的配电抢修工作，是电网企业服务经济社会发展、服务民生的"最后一公里"，联结着千家万户。30 多年来，他走遍辖区内的所有线路，绘制了 1500 多张抢修线路图，对线杆位置、交通状况等烂熟于心。有人问，他总能随口说出在哪条线哪根杆，往前往后再走几步就能到。曾有位同事有意考他："黎明，上大线 68 号杆在哪？"张黎明脱口而出："在马厂减河边桃树园内，距 67 号杆 325 米，中间点是滨海公司与检修公司的管理分界点。"凭着这样的真功夫，哪里发生故障，他总能以最佳路线和最快时间赶到现场，比导航软件还准。可以说，黎明这张"活地图"正是他用心、用脚一步一步走出来的！

黎明是"全科医生"。这些年，他完成停送电倒闸操作近 2 万次，从未发生安全事故和服务投诉。他立足岗位，向师傅学、向同事学、向书本学、向实践学，练就了一手快速处置故障的"绝活儿"。由他分析近万个故障编制而成的《急修案例库》和《抢修百宝书》，已成为公司抢修人员的随身"宝典"。

电力故障复杂多样，每一次抢修都是"出急诊"。2015 年 7 月，天津自贸区最大的商业综合体宝龙大厦主体工程正在进行混凝土浇筑作业时，突然停电，如不及时恢复，将会造成重大损失，情况十分紧急。张黎明接到报修电话，马上带人赶到现场。他和队员们仔细检查，发现故障点在一条分支线上，于是他果断下令：马上隔离故障电缆，送电！但是一合闸没合上，徒弟焦急地看着师傅，黎明又检查了一下开关，对徒弟说："往机构拐臂上喷点松动液，再用扳手活动一下！"再合闸，电通了！看着徒弟钦佩的目光，黎明笑着说："今天这种情况以前碰到过，《急修案例库》里就有！"厚积薄发的真功夫正是黎明总能在关键时刻"画龙点睛"的底气所在！

黎明是"巧手工匠"。作为新时代的产业工人，不仅要有实干的自觉、苦干的本分，更要有巧干的担当。张黎明就是这样的典型。以前，更换变压器保险，抢修人员必须穿戴安全护具，全副武装登上 2 米多高的变压器台架进行操作，从停电、换保险再到恢复送电，整个过程大约需要 45 分钟。而且为了保证抢修人员的安全，旁边的非故障线路也要停电。这样一来，一台变压器停电检修，至少会影响 150 个用户的生产生活用电。张黎明下决心改变这种状况。经过一年多的反复琢磨和试验，他将原来的固定式刀闸片改造成可摘取式（保险片就固定在刀闸片上）。就是这个小革新，不用停电，抢修人员也不用再登高作业，站在地面上，用绝缘拉杆就把保险给换了，前后就用 8 分钟！仅这项专利每年就可创造经济效益 300 多万元。这些年，张黎明带领团队实现这样的技术革新就有 400 多项，获得国家专利 140 多个，有 20 多项成果填补了智能电网建设的空白。

知识和才能积累越多，创造能力就越大。作为电网企业，"让老百姓感觉不到停电"是我们必须担当的责任。而开展带电作业就是最大限度保证用户持续用电的重要手段。可是带电作客户所需、党员所及，让党旗飘扬，让百姓满意，让爱心传递！

业又是一项高危而又艰苦的工作，近年来国内外科研机构一直试图通过研发带电作业机器人来替代人工作业。爱钻研的张黎明又向人工智能发起了挑战。他发挥自己的经验优势，天天跑现场、查资料，琢磨出了带电作业机器人绝缘、定位等关键问题的"突破点"，并提出研发方案，与科研机构联合开展攻关。目前，"基于人工智能的带电作业机器人"项目已进入二期研发。投入使用后，电力工人站在地面上遥控机器人就能完成带电作业。可以说，"敢想、敢干、不怕失败，创新、创造、不断突破"，正是张黎明对新时代"蓝领工匠"的最好注解。

黎明是"好党员"。2007年，滨海黎明共产党员服务队成立。他们发起了"黎明出发·点亮万家"惠民行动，张黎明把自己的手机号留在了社区敬老助残服务卡和街道便民服务手册上。从此，他和他的队员们就没了分内分外、白天黑夜，总是有求必应、有难必帮。他们为11个社区150多位老弱孤残建立了服务档案，为社区居民开展志愿服务近万次。

细心的张黎明在日常服务中发现，一些老旧小区的楼道没有照明，住的又多是老年人，出入很不方便，还不安全。为了解决这一问题，他想尽办法找到了一种声光控节能灯泡，一年电费还不到两块钱。于是，他主动找到社区，倡议发起了"节能互助·照亮邻里"公益行动。他拿出自己的1万元道德模范奖金，发起设立了"黎明·善小"微基金，倡议大家爱心捐款，用于购买节能灯泡、电线等材料，并组织服务队义务进行线路改造。同时，针对楼道灯由谁家接电这一问题，与居委会联手招募光明志愿者，得到了社区居民的踊跃响应，大家纷纷要求从自家接电。"节能互助·照亮邻里"就这样开展起来了。这项活动从2016年启动至今，服务队共点亮了37栋老楼148个"黑楼道"，使得2000多户居民从此不再摸黑爬楼。可以说，黎明解决的，不仅仅是老旧楼道的照明问题，它更是把供电企业、居委会和社区百姓的心紧紧连在一起，让更多的人点亮了心灵之灯！

服务队成立11年来，张黎明和他的队员们凭借精湛的技术和真诚的服务，获得了"全国学雷锋活动示范点"等各项荣誉130多个，赢得了大家的广泛赞誉，更架起了党和群众的"连心桥"！

当选党的十九大代表后，张黎明更加严格要求自己，不仅在岗位上努力践行新时代产业工人的责任担当，还通过"黎明·明理"等活动走进社区、走进学校、走进企业、走进军营……积极宣讲习近平新时代中国特色社会主义思想和党的十九大精神。每次宣讲，没有固定教案，只有一纸简要的宣讲稿和一个记得密密麻麻的笔记本。他总能针对不同宣讲对象，用朴实接地气的语言，讲明大道理、讲出人情味，用自己的言行感染和激励着身边的每一个人。

新时代是干出来的，幸福是奋斗出来的。张黎明平常但不平凡，坚守初心而又锐意创新，他的事迹彰显了劳模精神、劳动精神和工匠精神，是伟大时代精神的生动体现。我们要时刻牢记"人民电业为人民"的宗旨，对标黎明，看齐争优，培育出更多"黎明式"人才，努力干出无愧于新时代的新业绩，奋力谱写社会主义现代化新征程的壮丽篇章！

路是一步步走出来的，不要浮躁，一分耕耘一分收获。当你埋头坚持时，你已经在收获成功了。

奋斗的青春有榜样

贾明辉　国网天津滨海供电公司滨电电力副经理

我是张黎明师傅的徒弟，我们曾一起奋战抢修现场、服务百姓客户。作为滨海黎明共产党员服务队的一名队员，从最初认不清抢修工具，到师傅给个眼神儿就能心领神会，一次次彻夜抢修，一次次挥汗攻坚，一次次庆祝胜利……我很幸运，在最美好的青春时光，有师傅在身边，引领着我奋斗，激励着我前行。

年轻人都有英雄情结。在我心中，英雄总是那个冲在前、干在先，面临挑战带领我们攻坚克难、百战百胜的人。师傅就是这样。电力抢修是电力生产第一线，突出的特点，又苦又累还危险，故障一来就得上。记得，那是 2010 年夏天的一个深夜，滨海新区遭遇特大暴雨，当时正赶上我们几个年轻队员值班。天气越糟，用电故障就越多，报修电话一个接着一个。虽然对当天的天气我们早有预判，师傅也早就提醒我们要随时做好准备，但突然接到这么多故障电话，我们还是有些慌了神儿。就在这时，抢修班的门开了，本该在家休息的师傅突然又出现在我们面前！还是那声熟悉的招呼："图纸打好了吗？跟我走！"

那一天，我们连续奋战 20 多个小时，在雨里抢修了十多个故障点。这可是我工作以来，经历时间最长的一次抢修大仗。抢修中途，师傅看着我们心疼地说："你们轮流歇会儿，挺不住就回去打个盹儿。"但师傅却似乎分外精神，不落下一个抢修任务。当抢修结束回到班里，我的头是蒙的、腿是软的，都记不得这一天是怎么过来的。当我推开师傅办公室的门时，看到师傅在办公桌旁沉沉地睡着了，斜靠在椅子上，头半仰着，工作服还没干透，一只手捏着吃剩一半儿的煎饼果子，这是早上我们路过一个煎饼摊时买的，一直没来得及吃；而他的另一只手攥着手机，放在胸前，这是我们习惯看到的姿势。

有一次我问师傅："一线抢修这么辛苦，怎么也没听见您抱怨过？"师傅说："抢修是辛苦，但也是雪中送炭、救人危急的事，干着光荣"。师傅的这份信念，也成为了我们抢修班的集体信念。

在实际工作中，我常常折服于师傅对工作那份追求极致的认真。2011年8月的一天，天气特别闷热，师傅让我去核查一个新建变压器的位置。很快，我就信心满满地回来交差："在塘汉路上，大概20分钟的车程。"话音未落，师傅问我："这条路路况怎么样？变压器旁边有哪些明显标志？一旦发生故障，怎么能最快到达？"这一连串的问题把我问得直冒汗。师傅带上我就再次赶往现场，我看着他在变压器附近走来走去，并在本上记下："右侧100米加油站，对面400米左右加气站"，还画上了示意图。师傅的现场教学让我突然明白，为什么他能成为故障抢修"活地图"，为什么故障发生后他总能最先到达现场。

我的师母李海春，给我讲过这么一件事。一天深夜，师傅正打着呼噜，突然手机响了，原来是班里同事打来的，有个故障地点比较偏，抢修人员找了半天也没找到，只能向师傅"求援"。只听师傅说："往东走，300多米，旁边有个养鱼池。"电话一撂又继续打起了呼噜。师母可担了心："这迷迷糊糊的，能说对吗？没准儿过一会儿电话还得响。"可是，电话还真就没响。抢修人员按师傅说的，很快就找到了故障地点。

师傅常对我们说，干工作不能光埋头干，还得琢磨怎么才能干好了。跟随着师傅的脚步，我们这些年轻人，也走上了创新的道路。师傅带着我们，把工作场所当成创新阵地，随时随地创新没有极限，对我们这样一个努力建设创新型企业中的员工来讲，是必须主动承接的义务和担当。

想、随时随地试，毫不保留地传授自己的技术和经验。他常用一块橡皮泥，随手捏出工具模型，跟大家讨论他的新想法；同我们一起翻看核心期刊，研究前沿技术；随时与我们探讨改善工作的好点子，贴在班里的创意墙上……一项项创新成果由此而诞生。

这些年，滨海新区生态环境持续好转，这无疑是件好事儿。但同时，鸟的明显增多也给我们带来了欢喜中的烦恼。很多鸟叼来一些铁丝铁片，在线路设备上筑巢，非常容易造成短路停电。师傅一直就想研制一种新设备，既不伤害鸟又能保障线路安全。他带上我们反复到现场调研，了解鸟的生活习性，爬到屋顶观察鸟的筑巢习惯，向果农讨教防鸟心得。那段时间我们天天泡在创新工作室，一边在电脑上设计图纸，一边手工制作模型，同时对比用什么材料既省钱又耐用，经过几十次的反复试验和不断改进，成功研制出"三防凉帽"。刀闸上的这种"凉帽"可以防锈蚀、防鸟害、防污闪，师傅还编了一个顺口溜，"刀闸戴凉帽，通引手拉手，不怕风和雨，允许鸟搭巢"。"三防凉帽"一经投用，取得了很好的运行效果。

跟着师傅，我们在成长和进步。师傅是知名的电力抢修"活地图"，但他说，只有我这"一张地图"是不够的。他用"互联网+"的理念，在自己30年手绘地图的基础上，带队研发了"抢修地图APP"，让刚进班组的新队员也能成为"活地图"，现在每个队员都有了和师傅一样的本领。在师傅的引领下，近三年来，公司先后有58人次获得省部级以上劳动模范和五一劳动奖章等荣誉，2700多人次提升了技能等级。我本人也在师傅的指导下，取得了三项国家实用新型专利。离开了服务队的队员，都在各自专业领域独当一面，干在实处、走在前列。

和师傅在一起，感受他乐观的心态、执着的坚守，让我们在抢修战役中无所畏惧，在服务社会中无怨无悔。师傅说："应该让别人的生活因为你的存在而变得更加美好，共产党员服务队的每个人都是一座连心桥，要为党争得好口碑！"

我很幸运，奋斗的青春有榜样，遇到黎明这样的好师傅，教会我做事多一份付出、多一份担当、多一份执着、多一些爱，做好每一件平凡的小事。我愿像师傅一样，做新时代的中国产业工人，向着光明出发，点亮万家，温暖天下！

责任就是使命，我的责任就是用心点亮万家灯火！

贴心"红马甲" 亮丽风景线

何　丽　天津滨海新区新城家园社区党委书记、居委会主任

2011年，因为在用电上遇到了难题，我有幸认识了张黎明队长。打那以后，我们就与张黎明还有那些身穿红马甲的队员们结下了不解之缘。他是大家口中的"张队长""张师傅"，更是给社区百姓带来光明的知心人。

张黎明是个热心肠。2011年6月，我们社区正在准备一场文艺晚会，主持人找了、请帖发了、社区百姓也通知了，就差接电了。这时才发现，电缆必须要经过一条主干道，负责接电的两家单位都没有办法解决。想着两天后就要演出，可把我愁坏了！从114查号台，我一路找到了滨海黎明共产党员服务队张黎明队长的手机号，小心翼翼地拨了电话，听完情况后，张队长说"我正在市里开会"，我的心一下就凉了，以为人家是在推脱，毕竟这不是电力公司的分内工作。可随后他又说："你们别着急，晚上我回塘沽，明天一早儿就去看。"这又让我重生希望。

转天是周六，一大早儿张队长带着两个队员就来了。那天太阳很毒，广场上又没有荫凉儿，他们设计路线、布置电缆，跑前跑后，脸晒得通红，工作服都被汗水湿透了，一直忙乎到中午12点多。电终于通了！周日，晚会准时举行。让我们更加意外和感动的是，张队长带着队员又来了，这回他们是专门为晚会保电来了，直到晚上10点多晚会结束才离开。

这件事对我触动特别大，回到家，我激动地对父亲说："爸，今天我们碰到活雷锋了！没

想到这么好的人就在咱身边。"我让父亲用大红纸写了满满一整页的感谢信。当我和同事将感谢信送到黎明共产党员服务队时，一进门我就惊呆了！满屋子的荣誉证书和奖牌。看到这些我的心情久久不能平静，我想，这些荣誉的背后该有多少令人感动的故事啊！

我知道对于黎明来说，电的问题都不叫事儿，但对社区百姓来说，那就是天大的事啊！

人心换人心。黎明始终把百姓挂在心上，大家也就把黎明装在心里，印有他电话号码的"便民服务卡"，也被人们放在了家里最明显的地方；只要在用电上遇到问题，大家第一个想到的就是黎明。每回给黎明打电话，他都说："好，我马上到！"这句话，不但感动了我，更温暖了所有的社区百姓。

有一天，社区的郑奶奶给黎明打电话，说她家新换了一台抽油烟机，从路边找了个维修师傅给安装上了。可那个人走后，郑奶奶感觉家里摸哪儿哪儿带电，这下可把老人给吓坏了。黎明听后二话没说："好，我马上到！"原因很快查明了，原来是电源插座有问题。黎明很认真，他发现郑奶奶家的电线连接混乱，很容易引发用电危险，于是他把屋里的电线开关又整个检查了一遍，彻底排除了隐患。临走时，他特意嘱咐郑奶奶，以后有啥事找他就成。老人别提有多感激了，逢人便说"还是公家的师傅好，干活儿靠得住。"就这样，郑奶奶把黎明这个身穿红马甲的"公家师傅"牢牢地记在了心里，只要做点儿好吃的，就念叨着叫黎明过来，可是除了有事匆匆忙忙地来了又走，黎明甚至没有喝过郑奶奶家一杯热水。

好的队伍都有好规矩。在社区服务时，黎明和他的队员们从来不喝百姓一口水，不抽百姓一支烟。队员们说："我们队长给我们定了'敲门要轻、鞋套要穿'、'不在客户家吃饭'等'十二条规矩'，要求我们从小事做起，在每一次服务中都要代表共产党员服务队的形象。"在我看来，这"十二条规矩"就是黎明共产党员服务队的"三大纪律八项注意"。您说，这样的人，这样的队伍，不信他们，咱们还能信谁？！

人与人，最难得的，就是信任。后来，我发现不但我信任黎明，社区百姓也都信任他，甚至有些离不开他。

  2015年3月，黎明接到常年帮扶的陈雨兰大娘打来的电话，说心脏不好受，儿女又联系不上。于是马上和同事开车赶了过去，只见大娘躺在床上，脸色煞白，满脸都是汗，随时可能出现生命危险。黎明果断地说：马上送医院！身边的同事提醒他："要是出了事，咱可担不了。"可黎明说："陈大娘跟我非亲非故，能给我打电话，说明她信得过咱。如果真有事，责任我来担！"说完，就把陈大娘送上了抢修车，用最快的速度、最短的时间，将老人送到了最近的医院。医院看到身穿红马甲的服务队员们，马上开启了生命绿色通道，对大娘进行抢救。负责抢救的医生说，如果再晚来5分钟，后果很难预料。

  事后，大娘的儿子来到服务队，给队员们挨个鞠躬、表达谢意，紧紧拉着黎明的手说："张队长，您可是我们家的大恩人呐，要不是您，我可能就再也见不到妈了！"对百姓的急事难事，黎明总会多想一层、多做一点。经过这件事，黎明说，以后再遇到这样的事，我们不但要救，还要救得科学。在他的申请下，共产党员服务队的抢修车上都配了一个急救箱，装有速效救心丸、绷带、纱布等急救用品，以备关键时刻能用得上。

  和黎明打交道，我们觉得特安心，也特舒心。别人的急事，他比自己的事还上心；别人的烦心事，他都当作正事大事去办。大年三十，居民家电器短路，有"红马甲"；三伏天，居民家电表跳闸，也有"红马甲"；暴雨天，小区线路故障，还有"红马甲"。不处理用电问题时，人们也常常能看到张黎明和他的队员们，今天为行动不便的老人上门买电，明天又去慰问困难群众。他总是在你需要的时候、在你无助的时候，关注着你、帮助着你、保护着你。

  每回见到黎明，他总乐呵呵的，就从没见他不耐烦过。我看到过一段关于他的采访，黎明的一句话，让我印象特别深刻——他说工作着是快乐的。想想他为社区百姓做的那些事，我终于懂得，手到病除的能力是他工作的快乐；居民的用电无忧是他工作的快乐；百姓的依赖信任也是他工作的快乐！黎明善心助人、乐在其中。这就是一名基层共产党员的执着追求；这就是一名基层共产党员的价值所在！

社区工作千头万绪，每天大事小情不断，作为一名社区党委书记，我有时也会遭到误解，甚至感到委屈。每当这个时候，我就会想到黎明的善小常为，想到他的大爱无私。想到他，我就有了力量，人家都能把分外的事当成分内的事来干，这点误解和委屈又算得了什么！

这些年，黎明虽然获得了很多荣誉，但他作为一名共产党员的初心没有变，他服务千家万户的初衷没有变。现在，在社区依然能看到他的身影，他依然是那个善良乐观、充满自信、有求必应的黎明！他用自己的爱心和奉献，感染带动着身边的每一个人。他，就是我们心中的楷模、学习的榜样！

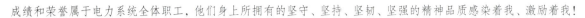

成绩和荣誉属于电力系统全体职工，他们身上所拥有的坚守、坚持、坚韧、坚强的精神品质感染着我、激励着我！

"老实人"张黎明

朱　虹　人民日报社驻天津记者站采编部主任

三年前，我开始关注并采访张黎明。采访中，张黎明的领导、同事、家人、客户，一遍遍深情地告诉我：他是个老实人。我想，什么样的老实人会让这么多人由衷地赞叹，口口相传他的故事呢？随着采访的深入，张黎明这个"老实人"的形象在我心中越来越清晰，他是身边看得见的榜样，是有灵魂、有血肉、有本事、有品德的新时代的楷模。

张黎明的老实是一种坚持。他从 18 岁走上工作岗位，31 年来，没离开过塘沽这块土地，没离开过电力生产一线。

他的初中老师告诉我，在学校的时候，他的成绩始终是年级第一名。由于家庭的原因，初中毕业，张黎明考取了电力技校。青春做伴，他把一腔热情都投入到工作中去。师傅们都喜欢这个肯吃苦，爱钻研的徒弟。张黎明的师傅门宝柱告诉我，平时跟师傅们出现场，从整理班组抢修记录做起，抢修的十八般武艺，都要来试试手。回到家里，也不闲着，抱起电力抢修的专业书，一看就是大半夜。总有学不完的知识，使不完的干劲。

工作之余，生活之中，张黎明养成了一个与众不同的"爱好"，他喜欢随身带着笔记本，沿着电力线路溜达来溜达去，一点点记录下所辖线路的安全状况、地理位置和周边环境。多年来，他累计巡线 8 万多公里，相当于绕地球走了两圈；他完成故障抢修作业近 2 万次，积累总结了近万个故障成因，写成了涵盖 30 大类 300 多种故障抢修经验的《抢修百宝书》。

张黎明的老实是一种踏实。他的师傅马连德说，"巡线是个良心活儿，想要投机取巧的话，也没人发现。可黎明从不那样做。"有一年冬天，他骑自行车去寻线，电力线路的周围全是稻田地，还有一道水渠，已经结了一层薄冰。自行车骑不过去，他就把自行车举起来，扔过水渠，然后想自己跳过去，没想到正好跳到了水渠上，把冰砸裂了，掉进了水里。冰水齐腰，棉裤都湿透了。就这样，他还是穿着结了冰的棉裤，顶着凛冽的寒风，坚持骑着车子把整段的线路巡查完。

2002 年，张黎明担任了供电工区线路专责工程师。我翻开当年供电工区的抢修记录，3 年间，三百多条故障抢修记录，都写着张黎明的名字。8 小时工作，24 小时待命，张黎明脑子里那根工作的弦儿都紧绷着。31 年来，张黎明极少不在岗位，即使是除夕之夜、儿子高考、父亲病重……

今天站在台上的张黎明备受瞩目，他的徒弟张可佳告诉我，师傅属于那种见镜头就躲、见荣誉就让的人，总是躲在角落里，默默干活儿。张黎明怀里揣的时间表，永远都走在时间的前面。夜里下雨了，他就爬起来把衣服穿好，把手机握在手里再睡。跟张黎明共事三十年的孙云东说，这么多年来，张黎明总是穿着工作服，为的是能在最短时间里出发抢修。

张黎明的徒弟王立国告诉我，一旦故障发生，不管深更半夜也好，阴天下雨也好，师傅接到电话都会立刻赶到现场。抢修完了，我们都想赶紧回去歇歇，可他一定会等到灯亮起来再离开。那一刻，他脸上快乐的表情，就像打了胜仗一样。

张黎明的老实是一种奉献。在领导和同事们眼中，张黎明是一个只需交代任务、不用督促检查的人。2007 年公司创办共产党员服务队，谁来当队长呢？领导们想到了他。张黎明是共产党员，技术强、心肠热、人缘好，是不二的人选。可是专工是十三级岗位，队长是十一级岗位，职级降低了，工资减少了，工作更琐碎了，他能同意吗？可张黎明说："哪里需要我，我就到哪里去，请组织放心。"就这样，张黎明又多了一个特殊的"头衔"——滨海黎明共产党员服务队队长。

滨海新区新港街新开里的范阿姨给我讲过这样一个故事，有一次小区因为检修线路停电，可她96岁的老母亲长期瘫痪在床，靠呼吸机维持生命，没电不行啊。可是单独为一户供电不是电力单位服务范围，还有额外风险，从来没人敢这么做。怎么办？情急之下，她找到了张黎明。救人要紧！张黎明二话没说，很快安排服务队队员们架起线路，在一楼帮范阿姨接上一台发电机。为了安全，队员们还在现场守了一整天，连饭也没顾上吃。

张黎明看着队员们，满眼都是自己二十多岁时的样子。一支了不起的队伍，精神气质是传承的。刚参加工作的时候，身边的许多师傅和同事都有一股子豁出去的拼劲，越是脏活儿累活儿越是有人抢着干。张黎明见过师傅们跳进深秋冰冷的水塘，拿肩扛着梯子，让作业人员从上面过去；他也不会对徒弟讲大道理，他带头吃苦，用自己的行动教会他们，不仅要讲技术、讲效率，更要讲责任、讲良心。

这两年张黎明创新工作室影响越来越大了。我问张黎明，你觉得工作室的亮点在哪里？张黎明说："要说亮点，应当是我把大家的积极性都带动起来了，工作室虽然用了我的名字，但成绩是大家的。"

张黎明的老实是一种善良。现在滨海黎明共产党员服务队在滨海新区可以说家喻户晓，各种街道市民服务手册、敬老助残服务卡和便民爱心卡上，第一个印的都是张黎明的电话。张黎明的妻子李海春说，张黎明的电话总是不停地响，不管是谁打来的电话，只要能做的，张黎明都会去帮忙。

张黎明说，这么多年来，记不得帮助过多少人，唯独对家人，心里是亏欠的。我问李海春，嫁给张黎明，受了不少累，你抱怨过他吗？她说，要说不抱怨，那是说假话，他心里装的都是工作，做梦都是让我给他递扳手，有时候我也朝他发火。可静下心来想想，他图的啥？想到他一天风里来，雨里去的，回到家累得都说不出话，真挺心疼他的。

是啊，图的啥呢？我也这样问过张黎明。张黎明说，从小父亲告诉我，做人不能只想自己，后来我入党了，更要有共产党员的信念和责任。我只是个普通的电力工人，我最欣慰的事儿，莫过于看见万家灯火亮起来。

我们仰望的星空下，有一种意志，叫作坚守；我们生存的世界里，有一种崇高，叫作老实。狂风暴雨，我们与家人享受安宁和温馨，他却马上奔赴现场，在最短的时间内排除故障；酷夏时节，我们在空调房里工作和学习，他却挥汗如雨，抢险抢修。我们的光明，有着他的奉献和坚守，我们的岁月静好，有着他的负重前行。

习近平总书记号召我们，要"做老实人、说老实话、干老实事"，老实人张黎明，没有惊心动魄，也没有轰轰烈烈，他平凡到你都不会去注意他。但他经得起日积月累的平淡，耐得住千凿万锤的磨砺，捧着一颗滚烫的心，传承薪火、开拓创新、服务人民，这就是时代楷模的魅力所在。他在普普通通的岗位上，坚守平凡，创造非凡，为我们树立起敬业奉献的好样子，也树立起一座新时代产业工人的丰碑！

黎明说

在前进的路上
以昨日的荣誉激励今天的成长

不忘初心　点亮万家

张黎明　国网天津滨海供电公司运维检修部配电抢修班班长
滨海黎明共产党员服务队队长

作为一名普通劳动者，今天站在这里向大家汇报，我感到十分光荣。我为自己和千千万万的劳动者，能赶上这样一个尊重劳动、尊重创造的伟大时代，而幸福和骄傲。

这一刻，我想到很多，有组织上多年的培养，有激励我前行的老一辈电力工人、父母、妻子，还有一路走来共同奋斗的同事们。正是他们，让我懂得了不忘初心的价值和力量。

我出生在一个工人家庭，父亲是中建六局的一名老党员、老班长。小时候，父亲为参加湖北二汽、引滦入津等国家建设，带着我们全家从北到南，又从南走到北，到处辗转。"南征北战"虽然苦，但我从来没听父亲说过一个"不"字，从未向组织上讲过一次条件。从父亲身上，我很早就懂得了老一辈产业工人的牺牲和奉献。

1987年，我18岁时正式成为了一名电力工人。上班的第一天，父亲找出他以前用过的一把老虎钳子递给我，跟我说："黎明，这把钳子给你，电工可是个技术活儿，一定把技术学好了，让同事们信任你，这才是咱工人的本分。"

父亲的话我一直记着。上世纪八九十年代，电网基础薄弱，电力施工条件也艰苦。三伏天爬杆作业，电杆的温度高达四五十度，遇到雨天，手和脚又能泡到发白，冬天干活儿满头汗，风一吹又冻得打哆嗦。为学好技术，这也不算什么。

刚刚参加工作时，我虽然认真，但对自己将来能成为一个什么样的人却还模糊。是师傅们的一个举动，深深影响了我，或者说改变了我的人生轨迹。

那是在我工作第 3 年的深秋，一条重要线路发生故障，需要紧急带电处理。可是，架线的铁塔被围在烂泥塘中央。按照规程，带电工器具和上杆作业人员不能沾水。为了保证安全，我们架了一个 8 米长的木梯子通到铁塔边，但是木梯比较软，人走到中间很容易落到水中。

这时，班里的张连运、孟祥芳两位年过五十的老师傅一声不吭跳进泥塘，趟着冰冷刺骨、齐腰深的泥水，一步步地走到池塘中间，用肩膀顶住梯子，让我们从上面通过。作为徒弟的我，犹豫着不忍心从师傅的肩上踏过，但他们却用坦然而坚定的眼神儿示意我"快过！"看着泥水中岿然不动的师傅，那一刻，我的血液沸腾了，脑子里浮现着铁人王进喜跳进泥浆池的镜头，

老一辈产业工人不怕牺牲的英雄主义精神一下子感染了我。

从此，我暗下决心，这辈子也要像他们一样，纵身投入心爱的电力事业，像蜡烛一样，燃烧自己，照亮他人！

作为一名电力抢修工人，我最大的心愿是老百姓想用电时就有电。抢修，"抢"的是时间，"修"的是技术。没有"金刚钻儿"不行。怎么练就"金刚钻儿"呢？我的师傅是这么说的：脚不脱泥、手能绣花、扎根一线、追求极致。

为了熟悉设备环境，我总爱沿着电线杆子"溜达"，拿着小本儿把线路切改、沿线环境变化画下来。为了摸索故障发生的规律，我分析了近万个故障，总结出50多个经典案例，形成了《急修案例库》和《抢修百宝书》。

我认为，简单的事情重复做，重复的事情用心做。久久为功，你就能成为大家眼中的行家里手。

虽然有了抢修故障的"绝活儿"，但我更希望这"绝活儿"没有用武之地。因为，"绝活儿"用得越多，意味着电网故障就越多。令人高兴的是，这些年，国家电网公司新一代电力系统建设加快，天津滨海电网逐步升级为坚强智能电网，智能配电网的抢修效率由过去的"小时"提高到"秒"为单位。

时代在发展，工人要进步。怎样才能跟上时代的步伐？习总书记在党的十九大报告中给我们指明了方向，那就是"要建设知识型、技能型、创新型劳动者大军，弘扬劳模精神和工匠精神"。新时代产业工人不仅要出力流汗，更要敢于创新，为这个时代贡献我们工人智慧、工人方案。

这些年，抢修压力减小了，创新动力却更足了。在公司支持下，我们搞起了劳模创新工作室，从早期的可摘取式低压刀闸、占位型驱鸟器到现在的带电作业机器人，项目越搞越大，专利越来越多。身边同事问我，你哪来的那么多创新灵感、创新动力？我开玩笑地说，我有三服妙药：

一是热爱，我热爱这份事业，一直觉得工作是快乐的，创新让工作更快乐；二是用心，用心对待工作中的难题，你就会发现创新无处不在；三是支持，这些年国家电网公司建设创新型企业，给我们这些蓝领土专家以巨大支持，大大提高了创新的成功率，让我也越来越有信心。

2007年，我成为滨海黎明共产党员服务队队长。我们的服务队也是国家电网公司4284支共产党员服务队中的一员，我为自己从事的事业感到由衷的自豪。因为，我们在大江南北、城市乡村，都搭起了党和人民群众的电力"连心桥"。

服务队走到现在，离不开企业的支持，更离不开队员们的坚持。记得那是2008年奥运保电期间，工作非常繁忙。队里有个叫张振山的老师傅。他为人比较内向，天天干抢修、搞服务，不声不响，1个多月没休假了。让他休息一下，他总说没事。直到奥运会闭幕前一天上午，他跑来着急忙慌地跟我请假，说家里有点儿事，老爹不太好，得回去一趟。我一想，不放心啊，随后就跟了去。一踏进他的家门，正看到他跪在床前放声痛哭。原来，他的老父亲刚刚过世，这单位离家不到2公里呀，他愣是没有赶上送父亲这最后一程。我感到万分内疚，就问他，怎么不早说呢？振山哭着说，服务队好不容易有个样子，我是队里的老人儿了，得带头儿啊！那一刻，我流泪了，我似乎又看到了师傅们纵身一跳的样子。这是人民电业代代相传、永不熄灭的火种啊！作为一名党员，我必须要把这颗火种传下去，必须要把服务队干好。为老百姓办好事，吃再多苦，受再多累，幸福，值得！

我也想忠孝两全，当一名好工人，做一个好儿子、好丈夫、好父亲。然而，很多时候确实不容易。2012年7月，我父亲病重住院，需要有人陪床，父母怕影响我工作，坚持不让我值白班。但值夜班也会赶上夜间的抢修，那时确实非常累。我想照顾好父亲，但又怕耽误了工作。就和父亲说，咱俩用一根儿绳子把手连起来吧，如果我睡着了，您需要我时，一拽这根儿绳子，我就能醒。就这样，这根儿绳子连着我们父子俩的心，陪伴我们俩整整一个月的时间，但它却没实现"初心"，是磨难之旅，也是光明之旅；是克难之旅，也是幸福之旅。

有陪到我父亲的康复。

我从小跟随父母走南闯北，不仅如此，父亲还要经常离家去更远的工地工作，有时一干就是一年半载不回家。记得那时，我总喜欢问我妈，爸爸什么时候回家？我妈总是一句话，等树叶黄了，你爸就回来了。于是，我就养成了坐在门口看树叶的习惯。小时候，在等待父亲回家的滋味中长大；长大后，我又在父母的盼望中回家。我从小远离家乡，没有经历过老人的离世，总以为父亲会永远陪着我，我总以为自己能像抢修故障一样，把父亲抢救回来。可是，那年的8月9日，父亲还是永远地离开了我们。

我的爱人李海春，26岁就下岗了，但她也一直梦想着自己还能再有一份工作。这些年，她摆过摊，当过保洁，干过物业，但为了照顾一家老小、支持我的工作，她不得不一再地放下。有一次，我看见她在一个鹅蛋上写下两个字——"坚持"。我知道，那是她至今都没有放弃的梦想，我更知道，那也是我欠她的一个梦想。我们俩有个约定，等我将来退休了，一定要帮她开一家她梦想中的饺子馆，就以她的名字命名，叫海春饺子馆！

人生总有遗憾，但我却从不后悔。既然选择了电力抢修一线，就意味着奉献和付出！

前不久举办"时代楷模"发布会时，大家和我说，这相当于给你举办了一场婚礼，你将踏入崭新的人生。但我更想说，无论何时何地，初心不改。我只是千千万万劳动者大军中的一员，我坚信有无数的人做得比我更好、更优秀。也正是这支劳动者大军用勤劳和智慧托举着我们伟大的中国梦。身处新时代，站在新起点，我将和我的队友们一起，牢记习总书记嘱托，拿出更大的干劲、闯劲、钻劲，以更优质的服务、更精湛的技术，干好服务队，黎明再出发！

编委会

主　　任　辛保安

副 主 任　刘广迎

委　　员　刘　光　王彦亮　李　凯　王海啸　赵　亮

　　　　　韩　冰　施学谦

编写组

主　　编　赵　亮

副 主 编　韩　冰　施学谦

编写人员　任　峰　及　明　高　猛　杨子平　钟　奕

　　　　　刘井军　殷旺洲　曹北建　齐　剑　苏国勇

　　　　　孟　潞　马　璐　陈丽羽　王政钧　孙晓岚

　　　　　纪新宇　张雨蔚　王立国　贾珊珊　庞庆涛

　　　　　杜　筝　孙正龙　张　旭　时　萌　周　楠

　　　　　穆　昊　王松涛　王　凯